高等职业教育公共基础课通用教材

高职大学生心理健康

主　编　李黎黎　潘珍珍
副主编　钱　融
参　编　马高峰　蒋　睿
　　　　杨　磊

北京理工大学出版社
BEIJING INSTITUTE OF TECHNOLOGY PRESS

版权专有　侵权必究

图书在版编目（CIP）数据

高职大学生心理健康/李黎黎，潘珍珍主编. —北京：北京理工大学出版社，2020.8
ISBN 978 – 7 – 5682 – 8904 – 7

Ⅰ. ①高⋯　Ⅱ. ①李⋯②潘⋯　Ⅲ. ①大学生 – 心理健康 – 健康教育 – 高等职业教育 – 教材　Ⅳ. ①G444

中国版本图书馆 CIP 数据核字（2020）第 150322 号

出版发行／北京理工大学出版社有限责任公司
社　　址／北京市海淀区中关村南大街 5 号
邮　　编／100081
电　　话／(010)68914775(总编室)
　　　　　(010)82562903(教材售后服务热线)
　　　　　(010)68948351(其他图书服务热线)
网　　址／http：// www.bitpress.com.cn
经　　销／全国各地新华书店
印　　刷／唐山富达印务有限公司
开　　本／710 毫米 × 1000 毫米　1/16
印　　张／10　　　　　　　　　　　　　　　责任编辑／李慧智
字　　数／202 千字　　　　　　　　　　　　文案编辑／李慧智
版　　次／2020 年 8 月第 1 版　2020 年 8 月第 1 次印刷　责任校对／周瑞红
定　　价／32.00 元　　　　　　　　　　　　责任印制／施胜娟

图书出现印装质量问题，请拨打售后服务热线，本社负责调换

前　言

新的时代，对个人心理素质的要求提升到了一个前所未有的高度。良好的心理素质是人的全面素质中的重要组成部分。心理健康教育有助于提高学生心理素质，促进其心理健康和谐发展，不仅是素质教育的有机组成部分，而且也是学校教育本身的使命之一，必然要成为现代学校教育的关注点。

大学阶段正是大学生"三观"形成的重要时期，高等学校能否做好社会转型期大学生心理健康教育工作，将决定着这一特殊时期大学生心理健康的整体水平和可持续发展能力。为此，教育部《普通高等学校学生心理健康教育课程教学基本要求》（教思政厅〔2011〕5号）和《高等学校学生心理健康教育指导纲要》规范了高等学校学生心理健康教育的基本内容：普及心理健康知识，强化心理健康意识，识别心理异常现象；提升心理健康素质，增强社会适应能力，开发自我心理潜能；运用心理调节方法，掌握心理保健技能，提高心理健康水平。其重点是学习成才、人际交往、恋爱婚姻、自我认知与人格发展、情绪调适与压力管理、社会与生活适应以及就业创业与生涯规划。

现在摆在大家面前的《高职大学生心理健康》，就是按上述内容要求，结合高职学生的特点及实际编写的，按主题（教学单元）、学习目标任务（教学课时）序列呈现，共8个主题30个学习目标任务，按16课时设计。教学单元的核心内容包括心理健康知识、大学适应、自我意识、优化学习、情绪管理、人际交往、恋爱与爱情、挑战与挫折。各主题各学习任务设计的逻辑思路为：学习心理健康知识——参与心理健康活动体验——保持心理健康调适方法，这三个相互联系、逐步递进的教学环节，即知识学习环节、活动体验环节、心理辅导训练环节。本书旨在使学生明确心理健康的标准及现实意义，增强自我心理保健意识，学习并应用心理健康知识和心理调适方法，自我化解心理困扰；培养良好的心理素质、自信精神、合作意识和开放的视野；培养学生的自我认知能力、人际沟通能力、自我调节能力、学习发展能力、问题解决能力，切实提高学生心理整体素质，为学生终身发展及养成职业综合素质奠定良好、健康的心理基础。

本书在编撰中力求体现以下特色：一是强调时代性、科学性、知识性和准确性，重视体验性、探索性、实践性和趣味性的有机结合，强化知识技能和态度情感价值观的统一；二是集知识传授、心理活动体验与行为训练为一体，把知识学习与心理保健方法的传授结合起来，把课堂指导与团体训练结合起来，更注重体验式教学、案例式教学和实践参与式教学；三是教学内容注重体验性、活动性、应用性，体例结构注重趣味化、操作化，更强调心理调适方法的训练与实践。同时，各主题附有学习目标、学生活动、案例分析、知识链接、学习目标检测、拓展阅读，以及推荐书籍、影片等，形式生动活泼，文字通俗易懂，活动启迪智慧，以期能充分激发高职大学生的学习兴趣和求知欲望。可采用有效提问、头脑风暴、小组讨论、案例分析、角色扮演、班级分享等多种积极教学方法实现学生积极主动且有效的学习。

本书可作为高职高专院校、民办高校等大学生心理健康课程教材供学生学习使用，也适合高职院校思想政治工作者、学生工作者和辅导员以及所有关注高职大学生成长与发展的读者阅读参考。

本书编写实行主编负责制，由心理健康教育专兼职教师共同参与编写。主编提出编写指导思想、编写原则和详细提纲、结构体例，并编撰样稿供各位作者参考。后又经编写组成员反复讨论，进行修改完善，最后由编写组成员分工撰写初稿，初稿完成后各位作者交叉审稿，最后由主编统稿、定稿。本书由云南经贸外事职业学院李黎黎、潘珍珍担任主编，钱融担任副主编，马高峰、蒋睿、杨磊参与此书编写。本书参考了前辈学者大量的相关研究文献和最新研究成果，在编写过程中，得到许多专家和老师的帮助，在此一并致谢！

由于时间紧任务重，加上编者水平有限，对《高职大学生心理健康》中的不足和纰漏之处，应由主编负责检讨。我们恳切希望读者及大学生们提出宝贵意见，能给予我们修订和再版的机会。

李黎黎　潘珍珍

2020 年 3 月

目 录

主题一　幸福人生,从心开始——大学生心理健康解读

……………………………………………………………………（1）

　　学习目标 ……………………………………………………（3）
　　活动导入 ……………………………………………………（3）
　【学习目标一、二、三】定义健康与心理健康 ……………（5）
　　知识链接:大学生心理健康的新概念 ……………………（5）
　　知识链接:大学生心理健康的标准 ………………………（7）
　　知识链接:大学生常见的心理问题 ………………………（8）
　　拓展阅读:放下包袱赶路 …………………………………（14）
　【学习目标四】解释心理咨询及功能,识记心理咨询的原则 …（15）
　　知识链接:心理咨询 ………………………………………（16）
　　学习目标检测 ………………………………………………（20）
　　拓展阅读 ……………………………………………………（20）
　　推荐影片:《天使爱美丽》 …………………………………（21）

主题二　大学生活,从心适应——大学生适应心理辅导

……………………………………………………………………（23）

　　学习目标 ……………………………………………………（25）
　　案例导入 ……………………………………………………（25）
　【学习目标一】列举大学生面临的变化 ……………………（26）
　　知识链接:大学生面临的四大变化 ………………………（26）
　【学习目标二】列举大学生适应期常见的心理困惑 ………（29）
　　知识链接:大学生心理发展过程中的矛盾 ………………（30）
　【学习目标三】讨论大学生适应期的心理调适策略 ………（32）
　　知识链接:大学新生心理调适方式 ………………………（32）
　【学习目标四】确立人生的新目标 …………………………（34）
　　学习目标检测 ………………………………………………（34）
　　拓展阅读 ……………………………………………………（34）
　　推荐影片:《大学新生》 ……………………………………（35）

主题三　认识自我,接纳自我——大学生自我意识调适

……………………………………………………………………（37）

学习目标 ………………………………………………………… (39)
视频导入 ………………………………………………………… (39)
【学习目标一】进一步认识自己,展示一个"内心的我""我是谁"
　　………………………………………………………………… (40)
【学习目标二】识记自我意识的概念,区分自我意识的结构类型 … (41)
知识链接:自我意识 …………………………………………… (41)
拓展阅读 ………………………………………………………… (47)
【学习目标三】意识到"别人眼中的我"是什么样子,通过他人的评价
来整合和完善自我意识 ………………………………………… (48)
学习目标检测 …………………………………………………… (48)
拓展阅读 ………………………………………………………… (49)
推荐影片:《窈窕淑女》 ………………………………………… (50)

主题四　优化学习,成就自我——大学生学习心理 ……… (51)

学习目标 ………………………………………………………… (53)
故事导入 ………………………………………………………… (53)
【学习目标一】定义学习 ………………………………………… (54)
知识链接:学习概述 …………………………………………… (54)
【学习目标二】列举高职院校大学生学习的特点 ……………… (56)
知识链接:高职院校大学生学习的特点 ……………………… (56)
【学习目标三】分析案例,讨论大学生常见的学习心理问题及调适方法
　　………………………………………………………………… (58)
知识链接:高职大学生常见的学习心理问题及调适 ………… (59)
【学习目标四】调整时间管理 …………………………………… (63)
知识链接:时间管理 …………………………………………… (63)
学习目标检测 …………………………………………………… (66)
拓展阅读 ………………………………………………………… (66)
推荐影片:《风雨哈佛路》 ……………………………………… (69)

主题五　认识情绪,管理情绪——大学生情绪管理 ……… (71)

学习目标 ………………………………………………………… (73)
活动导入 ………………………………………………………… (73)
【学习目标一】列举情绪的影响 ………………………………… (74)
知识链接:情绪的影响 ………………………………………… (75)
【学习目标二】讨论大学生常见的情绪困扰 …………………… (76)
知识链接:情绪 ………………………………………………… (76)

【学习目标三】解释合理情绪疗法理论模型中的 A、B、C、D、E,并运用理论模型,分析案例 …………………………………………………………… (78)
  知识链接:合理情绪疗法 ABCDE 理论模型 ………………………… (78)
  知识链接:情绪调节适度宣泄法 …………………………………… (80)
  学习目标检测 ………………………………………………………… (80)
  拓展阅读 ……………………………………………………………… (81)
  推荐影片:《头脑特工队》…………………………………………… (82)

主题六 学会交往,开心生活——大学生人际关系建立
…………………………………………………………………………… (83)
  学习目标 ……………………………………………………………… (85)
  活动导入 ……………………………………………………………… (85)
  【学习目标一】定义人际关系,解释人际关系建立和发展的过程
……………………………………………………………………………… (87)
  知识链接:人际关系 ………………………………………………… (87)
  【学习目标二】归纳大学生人际交往的特点 ……………………… (89)
  知识链接:大学生人际交往特点与类型 …………………………… (89)
  拓展阅读 ……………………………………………………………… (90)
  【学习目标三】分析案例,列举大学生人际交往中常见的问题 …… (92)
  知识链接:大学生人际交往中常见的问题 ………………………… (93)
  【学习目标四】总结人际关系的原则与技巧,改善自己的人际关系
……………………………………………………………………………… (95)
  知识链接:人际交往的技巧 ………………………………………… (95)
  知识链接:大学生人际交往 ………………………………………… (98)
  学习目标检测 ………………………………………………………… (99)
  拓展阅读 ……………………………………………………………… (100)
  推荐影片:《大话王》………………………………………………… (101)

主题七 解密爱情,为爱导航——大学生恋爱心理辅导
…………………………………………………………………………… (103)
  学习目标 ……………………………………………………………… (105)
  情境导入 ……………………………………………………………… (105)
  【学习目标一】解释斯滕伯格的爱情成分理论 …………………… (106)
  知识链接:爱情解读 ………………………………………………… (106)
  测试:斯滕伯格爱情三角量表 ……………………………………… (109)
  【学习目标二】归纳大学生恋爱的类型与特点 …………………… (113)
  知识链接:当代大学生恋爱的类型与特点 ………………………… (113)

【学习目标三】分析案例,列举大学生恋爱中常见的问题及困惑 …………………………………………………………………………………… (116)
  知识链接:大学生恋爱中的常见问题及困惑 ………………… (117)
  【学习目标四】提高爱的能力,正确处理恋爱关系 ………… (123)
  知识链接:大学生恋爱心理调适 ……………………………… (123)
  学习目标检测 …………………………………………………… (126)
  拓展阅读 ………………………………………………………… (126)
  推荐影片:《那些年我们一起追过的女孩》…………………… (127)

主题八　接受挑战,应对挫折——大学生挫折心理辅导 …………………………………………………………………………………… (129)

  学习目标 ………………………………………………………… (131)
  故事导入 ………………………………………………………… (131)
  【学习目标一】解释挫折的含义、类型 ……………………… (132)
  知识链接:认识挫折 …………………………………………… (132)
  【学习目标二】列举大学生挫折心理产生的原因 …………… (134)
  知识链接:大学生挫折心理产生的原因 ……………………… (134)
  【学习目标三】分析大学生对挫折的反应 …………………… (137)
  知识链接:大学生对挫折的反应 ……………………………… (138)
  【学习目标四】大学生应对挫折的调适方法 ………………… (142)
  知识链接:应对挫折的方法 …………………………………… (142)
  拓展阅读 ………………………………………………………… (144)
  学习目标检测 …………………………………………………… (145)
  拓展阅读 ………………………………………………………… (146)
  推荐影片:《肖生克的救赎》《当幸福来敲门》………………… (147)

参考文献 ……………………………………………………………… (149)

主题一

幸福人生，
从心开始
——大学生心理健康解读

学习目标 > > >

在本堂课结束后,学生将能够:
1. 定义健康与心理健康。
2. 识记大学生心理健康标准。
3. 正确辨别心理问题、心理障碍和心理疾病。
4. 解释心理咨询及功能,识记心理咨询的原则。

 活动导入 > > >

【课前活动一】雨点变奏曲

活动规则:搓手——吹风
　　　　　两手指拍——下小雨
　　　　　双手掌拍——下中雨
　　　　　手脚并动——下大雨
　　　　　手脚口并动——狂风暴雨(用双手鼓掌加跺脚再加嘴里发出"呼呼"的声音)

提示:在游戏过程中,若有同学犯规,可请他介绍自己并表演节目或老师选择其他利于团队的惩罚措施也可。

学生活动:根据老师的指令做出相应的动作,并写出你的感受。

【课前活动二】报数分组

1. 根据学生人数,组织学生报数分组,每组6~10人。
2. 介绍《课程告知书》。

【课前活动三】自我介绍

活动规则:

1. 每组围成一个圆圈,组员依次轮流进入圆圈中心,边缓慢转圈边自我介绍:"大家好,我叫……我来自……我是一个……的人(两个形容词),谢谢!"
2. 其余组员双手比出大拇指,喊"Yes"。
3. 比一比哪个组最先完成。
4. 比一比谁记住的人多。

学生活动:将你们组成员的自我介绍写在下面的横线上:

【学习目标一、二、三】
定义健康与心理健康

提问：
1. 你认为健康是什么？
2. 你认为心理健康是什么样子？

学生活动：
1. 独立思考以上两个问题，并记录下答案。
2. 小组讨论，头脑风暴。

知识链接：大学生心理健康的新概念

每个人都追求健康，然而，对什么是健康，健康的概念应包括哪些内涵，人们一直有不同的理解，并且这种理解随着社会发展以及人类自身认识的深化而不断丰富。

一、健康

20世纪初，《简明不列颠百科全书》对健康下的定义为："没有疾病和营养不良以及虚弱状态。"我国《辞海》（1989年版）中，也将健康定义为："人体各器官系统发育良好，功能正常，体质健壮，精力充沛，并具有良好劳动效能的状态。通常用人体测量、体格检验和各种生物指标来衡量。"上述这些对健康的定义都是在生物医学模式下的解释。

数百年来，生物医学的巨大成就为人类的健康做出了卓越的贡献，但这种成就使人们对健康的认识局限于过分关注躯体的生物学变化，而忽视了人的心理活动及社会存在对健康的影响。随着现代科技的飞速发展、社会文化的迅猛变革，人们普遍面临着激烈的竞争，快速的生活节奏、前所未有的巨大压力使人不堪重负，对人类的健康产生了重大影响。人们逐渐认识到了心理因素对人类健康不容忽视的重要作用，从而逐步确立了身心统一的健康观，从更合理的角度诠释健康的概念。

1948年世界卫生组织（WHO）在成立宪章中指出："健康乃是一种身体上、精神上和社会适应上的完好状态，而不仅仅是没有疾病和虚弱的现象。"这是对健康较为全面、科学、完整、系统的定义。这种对健康的理解意味着，衡量一个人是否健康必须从生理、心理、社会、行为等因素分析，不仅看他有没有器质性或功能性异常，还要看他有没有主观不适感，有没有社会公认的不健康行为。

二、心理健康

大学生活对每一位大学生来说，都是一段重要的人生体验。在学校里，不管他们是否愿意，他们都要开始独立地面对现实生活，都要自主地解决自己面临的问题。但是当他们以极大的热情去拥抱生活、实现自己的理想时，却发现生活是复杂的，有时甚至是残酷的、无法驾驭的。在痛苦的反思之后，有的同学开始总结教训、调整目标、重新开始，以积极的心态去迎接新的生活；有的同学则选择了逃避或自暴自弃，以消极的心态与行为去与生活对抗。积极的接纳与奋进是人生美好的起点，而消极的逃避与对抗则会使人一事无成。因此，在大学阶段，树立良好的心理健康观、培养良好的心理素质关系到每一位学子的健康成长。

心理健康指的是一种持续高效而令人满意的心理状态，人的基本心理活动协调一致，即认知、情感、意志、行为和人格完整协调，能够顺应社会，并与社会保持同步。

1946 年，第三届国际心理卫生大会对心理健康是这样定义的："心理健康是指在身体智能以及情感上与他人心理健康不相矛盾的范围内，将个人的心境发展成为最佳的状态。"

咨询心理学家布洛克（D. H. Blocker）认为，心理健康的本质在于个体能够不断地学习有效的技巧，改变行为的模式和应对策略，以应付紧张状态，从而成功地适应其环境。

我国学者刘华山教授认为，"心理健康是一种持续的心理状态"，在这种状态下，个人具有生命的活力、积极的内心体验、良好的社会适应能力，能够有效地发挥个人的身心潜力与积极的社会功能。

由此可见，心理健康只是一个相对的概念，虽然人们所站的角度不同，对心理健康的理解有一定的差异，但存在一些共同之处，那就是：心理健康是一种持续的积极发展的心理状况，在这种状况下，个体能做出良好的适应，能充分发挥身心潜能。

从广义上讲，心理健康是一种持续高效而满意的心理状态；从狭义上讲，心理健康是知、情、意、行的统一，是人格完善协调、社会适应良好。迄今为止，关于心理健康还没有一个统一的概念，国内外学者一般认同心理健康标准的复杂性，既有文化差异，也有个体差异。

一般而言，判断个体心理健康与否，主要有四个方面：

（1）经验标准。即当事人按照自己的主观感受来判断自己的健康，研究者凭借自己的经验对当事人的心理健康进行判定；重在关注当事人的主观心理感受，由于个体先天的遗传及后天的环境不同，经验标准更强调其个别差异。同样的生活事件，当事双方由于自我认知不同、自我体验不同，自我评价也不尽相同。

（2）社会适应标准。以社会中大多数人的常态为参照标准，观察当事人是否适应常态而进行其心理是否健康的判断。例如：大学生根据生理、心理与社会发展应当具有独立生活与处理生活中所面临事务的能力，如果有的大学生生活能力低下不能打理自己的日常生活，这便需要引起重视。

（3）统计学标准。依据对大量正常心理特征的测量取得一个常模，把当事人的心理与常模进行比较。这个标准更多地应用于心理学研究之中，一般而言，我们都要将个体的心理测验结果与常模对照，来判断其心理健康状况。

（4）自身行为标准。每个人在以往生活中形成的稳定的行为模式，即正常标准。事实上，心理健康与否其界限是相对的，企图找到绝对标准是不现实的，大学生心理健康标准的掌握也同样存在这样的问题。如何把握标准？我们认为应掌握三个标准，即相对性、整体协调性和发展性。我们在研究大学生整体心理健康时，应将目光投向发展的健康观，即更多的大学生在发展中面临许多人生课题，心理危机与心理困难也都是在发展的大背景下产生的。有的心理困惑属于某一群体所特有的，比如多重压力之于大学生，他们的人生期望、职业抱负、学业期待引发的学业压力、就业压力、情感压力等都需要应付。有些心理问题具有阶段性，当个体心理成熟后会自愈。

小组讨论：大学生心理健康标准有哪些？

知识链接：大学生心理健康的标准

一个人的身体是否健康，医学上已经有了比较客观的标准，至于一个人的心理健康与否，从理论上来讲，也应该是有标准的。但由于人的心理是极其复杂的，因此其标准就比较难以确定。对此，至今尚无肯定的答案。有些心理学者认为，心理健康是指个体心理在本身及环境条件许可范围内所能达到的最佳功能状态。心理卫生工作则包括一切旨在改进及保持上述状态的措施，诸如精神疾病的康复，精神病的预防，减轻充满冲突的世界带来的精神压力，以及人处于能按其身心潜能进行活动的健康水平等。下列几项指标是比较重要的：

（1）心理健康的人常能和他人建立积极的、良好的人际关系。

（2）心理健康的人有良好的情绪控制能力。

（3）心理健康的人乐于学习和工作，并在学习和工作中能充分发挥其智慧和能力，获取最大的成就。

（4）心理健康的人有正确的自我观。

（5）心理健康的人有正常的行为以及与周边人和物协调的个性。

（6）心理健康的人能面对现实、把握现实。

（7）心理健康的人的心理特点符合其年龄特征。

心理健康的标准简单来说，可以理解为两条：一是能正确认识自己、他人和社会；二是能在处理自己、他人和社会的关系时把握好"度"。达到这两条标准的人，就能融入社会，受到他人的认同与帮助，自己也感到满足和愉悦，这就是心理健康的人。

知识链接：大学生常见的心理问题

一、心理健康"灰色区"理论

人在心理健康上存在着一个广泛的灰色区域。具体来说，如果将人的精神健康比作白色，精神不正常比作黑色，那么，在白色与黑色之间存在着一个巨大的缓冲区域——灰色区，世间大多数人的精神状况都在这一灰色区域内。换言之，灰色区可谓是人非器质性精神痛苦的总和，其中包括了人的心理不平衡、情绪障碍及变态人格。这些问题不同程度地干扰了人们的正常生活与情绪状态。灰色区又可以进一步划分为浅灰色与深灰色两区域。浅灰色区的人只有心理冲突而无人格变态，其突出表现为由诸如失恋、丧亲、夫妻不和、家庭纠纷、工作不顺心、人际关系不佳等生活矛盾而带来的心理不平衡与精神压抑。深灰色区的人则患有种种异常人格和神经症，如强迫症、恐人症、癔症、性倒错等症状。浅灰色区与深灰色区之间也无明确界限（如图1-1所示）。

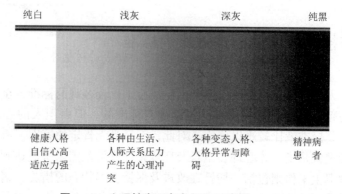

图1-1　心理健康"灰色区"示意图

心理正常是一个常态范围，在这个范围内还允许不同程度的差异存在。心理不健康主要分为以下三类：

（一）一般心理问题

本书将"心理问题"定义为：由现实因素激发，持续时间短，情绪反应能在理智的控制之下，不严重破坏社会功能，情绪反应尚未泛化的心理不健康状态。大学生的一般心理问题是指由于现实生活、学习压力、人际关系等原因而产生的内心冲突，并因此而体验到的不良情绪（如后悔、厌烦、自责等）。其判断标准是：

（1）不良情绪不间断地持续一个月，或间断地满两个月还不能自行化解。

（2）不良情绪反应仍在相当程度的理智控制下，始终保持行为不失常态，基本维持正常生活、学习、社会交往，但效率有所下降。

（3）自始至终，不良情绪的激发因素仅仅局限于最初事件，未导致不良情绪的泛化。

(二) 严重心理问题

"严重心理问题",必须满足下列条件:

(1) 原因:是较为强烈的对个体危害较大的现实刺激。不同的原因引起的严重心理问题,体验不同的痛苦情绪(如冤屈、失落、恼怒、悲哀、悔恨等)。

(2) 时间:从产生痛苦的情绪开始,痛苦情绪间断或不间断地持续两个月以上、半年以下。

(3) 遭受的刺激越大,反应越强烈。多数情况下,会短暂地失去理智控制,随着时间推移,痛苦可逐渐减轻,但是单纯地依靠"自然发展"或"非专业的干预"难以解脱,对生活、工作、社会交往有一定程度的影响。

(4) 有泛化现象,痛苦情绪不但能被最初的刺激引起,也可以被与当初相类似或相关联的刺激引起,即反应对象被泛化。

综上所述,严重心理问题是由于相对强烈的现实因素激发,初始情绪反应激烈、持续时间长久、内容充分泛化的心理不健康状态。

(三) 神经症性的心理问题

这种心理不健康状态,是神经衰弱或神经症早期阶段,有时我们也把有严重心理问题但没有严重的人格缺陷者列入这一类。

根据许又新教授关于神经症诊断的论述,鉴别"严重心理问题"与神经症的要点是"内心冲突的性质""病程(持续时间)"和"严重心理问题"的心理冲突是现实性的或道德性的;社会功能破坏程度,也作为参考因子予以考虑。如果在出现"严重心理问题"后一年之内,在社会功能方面出现严重缺损,应考虑为神经症或其他精神疾病的可能。

对心理问题,有以下几种解释:

(1) 心理问题是指心理学中的问题。例如,心理是什么、心身关系、心理与实践、心理学的理论与应用等,均为心理问题。

(2) 心理问题是指心理学中研究的问题或心理学工作者研究的问题。例如,心理学研究的问题、心理学研究的课题、某心理学工作者正在研究的问题,均属心理问题。

(3) 心理问题是指人们心理上出现的问题。例如,情绪消沉、心情不好、焦虑、恐惧、人格障碍、变态等消极的与不良的心理,都是心理问题。(严格来说,心理问题无褒贬之意,既包括积极的,也包括消极的。)

人们如果出现了心理障碍之类的心理问题,就应主动到心理咨询机构(如心理咨询所、电话心理咨询等)找心理学专家进行咨询,以求得心理调整的指导,在心理咨询师或心理学专家的帮助下尽快地消除不健康的心理,使心理状态恢复正常;若有必要,还应由心理医生进行心理治疗。

为了预防不健康心理(心理问题)的发生,大学生需要学习一点心理学的知识,对于心理卫生、心理咨询、心理治疗的书籍应多看看,用这方面的知识做指导调节自己的心理，将会得到很大的好处。

二、大学生常见的心理问题

现代校园涌动着一个个追求自我发展与自我完善的大学生。正如一位大学生所说：大学是一片蕴藏无限潜力与无穷魅力的海洋。人生的路有许多，但关键时候只有几步。进入青年初期的大学生，由于经历相对简单，生活阅历相对较少，基本上是从校门到校门的生活背景，有人称之为"门内人"；而另一方面，当代大学生经历学习压力、生存压力、经济压力、就业压力与社会竞争的冲突。因此，他们的成长与发展、他们的身心健康受外界环境的影响越来越大。大学是人生非常重要的时期，是奠定人一生发展基础的时期，之所以危机四伏，是因为大学生身心都处于剧烈变化与压力之中。近朱者赤，近墨者黑，如果自我控制不力则易引发问题行为，甚至出现偏差、自伤、自杀、违法犯罪。

然而对于更多的大学生而言，他们面临成长与成才中种种的心理困惑，需要了解自身的身体、心理与社会发展及需求，做出适当的调整，使自己处于良好的心理状态之中。正如一个学生所言："心理健康教育课程如一缕阳光，洒在我们探索人生、了解自我与社会的路上，也让心灵始终充满阳光，使我们看清了自己的前方，特别是自己的局限，懂得了如何调节自己，成为一个健康的社会人。"

（1）环境适应问题。在大一新生中较为常见。

（2）学习问题。大学生常见的学习问题主要表现为：学习目的问题、学习动力问题、学习方法问题、学习态度问题，以及学习成绩差，等等。大学期间，学习往往不再如高中阶段那样得到绝大多数人的重视，目的不明确、动力不足、态度不好构成了学习问题的主要方面。

（3）人际关系问题。如何与同学友好相处，建立和谐的人际关系，是大学生面临的一个重要问题。同高中阶段相比，人际关系问题成为大学生心理困扰的主要来源之一。人际关系问题常常表现为难以和别人愉快相处，没有知心朋友，缺乏必要的交往技巧，过分委曲求全等，以及由此而引起的孤单、苦闷、缺少支持和关爱等痛苦感受。

（4）恋爱与性心理问题。大学生处于青年初期，性发育成熟是重要特征，恋爱与性心理问题是不可避免的。恋爱问题一般包括：单相思、恋爱受挫、恋爱与学业关系问题、情感破裂的报复心理等，而性心理问题常见的有：性困扰，以及由婚前性行为、校园同居等问题引起的恐惧、焦虑、担忧等。

（5）性格与情绪问题。性格障碍是大学生中较为严重的心理障碍，其形成与成长经历有关，原因较为复杂，主要表现为自卑、怯懦、依赖、神经质、偏激、敌对、孤僻、抑郁等。

（6）求职与择业问题。这是高年级大学生常见的问题。在跨入社会时，他们往往感到很多的困惑和担忧。如何选择自己的职业，如何规划自己的生涯，求职需要些什么样的技巧等问题，都会或多或少带来困扰和忧虑。

三、大学生心理问题产生的原因及心理健康维护方法

(一) 大学生心理问题产生的几大原因

1. 新生的心理问题

导致新生心理失衡的原因首先是现实中的大学与他们心目中的大学不一样，由此产生心理落差。其次是新生对新的环境、新的人际关系、新的教学模式不适应，产生困惑而造成心理失调。新生对新环境不适应，如果不能得到及时调整，就会产生失落、自卑、焦虑、抑郁等心理困扰。有的新生还会因不适应而退学，甚至会导致更严重的后果。所以，应该特别关注新生入学后的心理调适，帮助他们度过心理失衡期，成功进行角色转换。

2. 交际困难

当代大学生的交际困难主要表现在不会独立生活，不知道如何与人沟通，不懂交往的技巧与原则。有的大学生有自闭倾向，不愿与人交往；有的大学生为交际而交际，不惜牺牲原则随波逐流。由于交际困难，有的大学生产生自闭、偏执等心理问题，同时又由于没有倾诉对象，更加重了心理压力。调查表明，交际困难已成为诱发大学生心理问题的首要因素。

3. 学业压力

大学生的学业压力大部分是因为"学非所爱"，缺乏学习兴趣，缺乏学习动力，长期处于冲突与痛苦之中；还有一部分来自课程负担，学习任务过重，加上教师教学方法不当，学生学习方法有问题，使学生对学习产生恐惧或倦怠；另外，各种证书考试及升本考试带来的压力也使他们的精神长期处于高度紧张的状态。

4. 情感困惑或恋爱危机

情感的需求和体验在大学阶段是发展的高峰期。能否正确认识和处理情感问题，已直接影响到大学生的心理健康。大学生的情感危机一方面因友谊、恋爱造成，恋爱失败往往导致大学生心理变异，有人因此走向极端，甚至酿成悲剧；另一方面因父母离异、亲人伤亡等突然发生的不幸或挫折，一些人感到精神上难以承受，导致心理障碍。

5. 对网络的强烈依赖

大学生的思想处于理想主义阶段，对现实社会的一些不满、失望、愤怒无处发泄，而网络是他们尽情抒发情绪、营造美好、逃避现实的好地方。一方面，他们因人际交往困难自尊心受到伤害，在网络的虚拟世界里却获得了心理满足；另一方面，他们也被网络本身的精彩所吸引。一些大学生对网络的依赖越来越强，有的甚至染上网瘾，不惜放弃学业，每天花大量的时间泡在网上，沉湎于虚拟世界，封闭自我，与现实生活产生隔阂，在日常生活和学习中举止失常、精神恍惚、胡言乱语、行为怪异，长此以往，影响正常认知、情感和心理定位，不利于健康性格和人生观的塑造，严重的还可能导致人格分裂。

6. 对手机的强烈依赖

研究表明，手机依赖症是一种新型心理疾病。其症状为：完全无法离开手机，手机没带在身边就心烦意乱，无法集中注意力，一段时间手机铃声不响，就会下意识地看一下铃声设置是否正确，经常把别人的手机铃声当成自己的手机在响，脾气也变得暴躁起来……哪怕只是半天不见手机，也会魂不守舍，坐卧不宁。手机依赖症还表现在沟通多通过手机进行。比如，明明几步路就可以走到的地方，却只想打手机解决问题，等人的时候不断地打手机问对方走到了哪里。这是因为在日常生活中频繁使用手机，无意识中手机成为其生活的一部分。手机依赖症大多在一些性格比较孤僻、缺乏自信的人身上出现。这些人有的希望通过手机与外界保持联系使自己不被社会遗忘，有的希望通过手机在朋友和同学面前维持高效率的形象。

7. 经济压力

经济的压力主要在于生活贫困所造成的心理压力。目前我国高校在校生中有15%～20%是贫困生，其中5%～7%是特困生。经济上的窘迫，以及深深的自卑感，使他们常常低估自己，巨大的精神负担使他们不能很好地完成学习和工作任务，造成事实上的无能，更加重了他们的自卑感。自卑感使得部分学生选择了伪装自己，去做自己不能胜任的事情，结果受到更大的伤害和挫折，内心产生消极、敌对的情绪，有的学生甚至发展成自闭症或抑郁症而不得不退学。

（二）大学生心理健康维护方法

为了帮助大学生尽快适应大学生活，维护自我身心健康，我们给大学生提了以下几条建议：

1. 适应环境，主动学习

大学是一个与中学完全不同的新环境，应尽早从心理上接受新环境中的一切，积极地融入新环境中去。应积极主动地了解大学教学活动的规律，变被动学习为主动学习，学会管理和支配时间，主动请教老师，善于发现问题和提出问题，善于思考问题和解决问题，用探索性、研究性的方法学习新知识并将理论知识与实践结合起来，提高自己的动手能力。要了解大学学习"不但要知其然，而且要知其所以然"，除了要认真听课和学习教材外，和同学、老师讨论及阅读参考书和文献资料、听学术讲座等都是学习的重要方式和手段。要学会充分利用大学校园的特殊资源，把它作为未来走向社会的练兵场，去磨炼自己的各种能力，为毕业后尽早适应社会做好必要的准备。

2. 认识自我，悦纳自我

心理学研究表明，对自己的认识和评价与本人越吻合，自我防御行为就越少，社会适应能力就越强。大学生应该对自己充满自信，要求严格，但不过分苛求自己；崇尚优秀，但不追求十全十美；不为自己的一时成功而狂妄自大，也不为自己存在的缺点和不足而沮丧；不以己之长来比人之短，也不以己之短来比人之长；既有自己的个性，又有合群性。

3. 乐于助人，广交朋友

良好的人际关系是促进心理健康、优化生活环境、改善生活质量的法宝。大学生要学会积极、主动地与他人交往。对老师要尊重，对同学要友善，见面要主动向老师、同学问好，要平等待人，不要因为他人的家庭、经历、特长、相貌而另眼看待，厚此薄彼。要抱着真诚和友善的态度同他人交往，善于理解、宽容别人，不斤斤计较。要主动关心别人、帮助别人，树立帮助别人不求回报的观念。在与人相处中，要学会倾听，尊重对方，每天保持微笑，对周围的朋友经常传递善意。

4. 磨炼意志，陶冶情操

人生不如意，十之八九。在大学生活中，学习上遇到的困难，同学间的误会、摩擦，情感上的失意都可能带来挫折感，但只要有面对挫折的心理准备，就可以应对自如，始终保持心理平衡。挫折使人有种种不愉快的心理体验，但也可以磨炼人的意志，增强人对消极情绪的驾驭能力，使人锻炼出顽强的毅力和坚强的性格。"逆境出人才"说的就是这个道理。

5. 有张有弛，健康生活

大学生在大学期间除了学会学习、做人，还要学会生活。怎样才是健康的生活方式呢？早睡早起，生活有规律，饮食适度，不挑食，劳逸结合，科学用脑等都是健康的生活方式。一些同学生活完全没有规律，随心所欲，懒散懈怠，对周围发生的一切都漠不关心，缺乏生活情趣，他们的心理健康水平一般较低。

6. 正视问题，寻求帮助

大学生应该对自己的心理健康状况有一个正确的认识，要经常对照健康标准进行心理上的自我保健，对出现的心理问题要及时寻求专业机构的帮助，释放心理压力，缓解心理矛盾，进行有效的心理调节，提高心理健康水平，以轻松的心态投入学习和生活中。

7. 升华理想，确定目标

高中的学习目标非常明确，那就是高考，因此生活过得很充实，再苦再累也挺过来了。考上大学，仿佛一下子失去了目标。大学阶段的目标是什么？很多大学生并不清楚，因此他们常常感到方向不明、目标不清，内心孤独，空虚无聊。新生入学后，一定要进行深刻的自我分析，对自己未来的人生做认真的思考，尽快明确自己的兴趣、爱好和努力的方向，确定自己的目标。目标一旦确定，就不要轻易放弃，而要坚持不懈地朝着目标努力。

拓展阅读

放下包袱赶路

一个青年背着一个大包裹千里迢迢跑来找大师,他说:"大师,我是那样的孤独、痛苦和寂寞,长途跋涉使我疲倦到极点。我的鞋子破了,荆棘割破了双脚,手也受伤了,血流不止……为什么我还不能找到心中的阳光?"大师问:"你的大包裹里装的是什么?"青年说:"它对我可重要了。里面是我每一次跌倒时的痛苦,每一次受伤后的哭泣,每一次孤寂时的烦恼……靠着它,我才有勇气走到您这里来。"

于是,大师带青年来到河边,他们坐船过了河。上岸后,大师说:"你扛着船赶路吧!"青年很惊讶:"它那么沉,我扛得动吗?""是的,你扛不动它。"大师微微一笑说,"过河时,船是有用的。但过了河,我们就要放下船赶路。否则,它会变成我们的包袱。痛苦、孤独、寂寞、灾难、眼泪,这些对人生都是有用的,它使生命得到升华,但须臾不忘,就成了人生的包袱。放下它吧!生命不能太负重。"

青年放下包袱,继续赶路,他发觉自己的步子轻松而愉悦,比以前快得多。

如果要寻找心中的阳光,就要有一个阳光的心理。也许繁复的人生使你遭遇了很多的矛盾和不幸,但"痛苦、孤独、寂寞、灾难、眼泪,这些对人生都是有用的,它使生命得到升华,但须臾不忘,就成了人生的包袱"。其实你的生命不必这样沉重,放下心中的包袱,你心灵深处便会充满了阳光和快乐,追寻阳光的步伐就会轻松而愉快。

(资料来源:http://book.sina.com.cn/new/nzt/vip/70253/45558.html,新浪网读书频道。)

【学习目标四】
解释心理咨询及功能,识记心理咨询的原则

提问:什么是心理咨询(辅导)?请判断并说明理由。

第一,接受心理辅导的人都是心理有毛病的人,甚至心理变态。

第二,心理辅导者几乎无所不能,什么问题都能解决。

第三,心理辅导就是同情安慰,和朋友谈心没什么区别。

第四,心理辅导师就是给出解决方案的人。

知识链接：心理咨询

一、心理咨询的定义

心理咨询就是要使人对自己感觉良好，获得犹如登天一样的感觉。用马斯洛的话来讲，心理辅导就是要使人获得"顶峰体验"（peak experience），这不就是指"登天的感觉"吗？使人开心是心理咨询的前奏曲，使人成长是心理咨询的主旋律。

心理咨询的概念简单地说，就是通过心理咨询人员与咨询对象的交谈过程，使咨询对象对自己与环境有一个正确的认识，以改变其态度和行为，并对社会生活有良好的适应。

心理咨询主要针对正常人，为其提供有效的心理帮助。它可以使咨询对象在认识、情感和态度上有所变化，解决其在学习、工作和生活等方面出现的心理问题，从而更好地适应环境，保持身心健康。例如，青少年教育问题，学习问题，人际关系问题，自卑感问题，恋爱、婚姻和家庭问题等都可以通过心理咨询有效地解决。

二、心理咨询的功能

（1）倾诉心声。倾诉是人的一种心理需要，它能帮你缓解心理压力，是分析和解决问题的前提。朋友、同学、亲人都可以成为倾听心声的人，但也有不方便、不适宜的时候。而与自己没有亲缘、利害关系的心理咨询师，他能耐心听你诉说，并且有心理学的专业知识，能帮你分析问题，排忧解难。

（2）辨明问题。人的心理问题有各种类型和性质，其中许多并非心理疾病，它们是在纷繁复杂的社会生活中引发的。心理咨询是和你一起去分析所面临问题的实质，发现引起问题的原因。

（3）磋商对策。当一个人处于生活旋涡之中，在精神压力的重负下，思路常常会被堵塞。而咨询师处于旁观者的角色，他的头脑冷静，思路较为开阔，能为你提出一些合理化的参考建议，帮你打开思路。

（4）平衡情绪。心理咨询通过给你宣泄压抑情绪的机会，帮你辨明自己问题的性质并且磋商解决问题的对策，使你紧绷的情绪得到缓解，心态也随之得到平衡。

（5）促进成长。学校心理咨询的性质属于发展性咨询，目的在于助人成长，即不仅要帮你处理好当前的问题，更要通过处理当前的问题提高你的认知水平，增强你的自信心，发展和完善你的人格。

三、心理咨询的原则

心理咨询师、心理咨询员要遵守以下 12 条基本原则：

第一条，保密原则——对来访者所有咨询内容均应保密，不得泄露。若需要案例分析和进一步讨论，更好地帮助来访者，应对资料做保密处理，妥善保管来往信件、测试资料等材料，省去真实名址，避免给来访者造成伤害。如果来访者有自我伤害或伤害他人的紧急危险或涉及法律案件时，咨询中心可突破保密原则，采取相应措施，但也要将信息暴露程度限制在最低范围内。

第二条，自愿原则——到心理咨询室咨询的来访者必须出于完全自愿，这是确立咨访关系的先决条件。

第三条，理解信任原则——心理咨询员对来访者的语言、行动和情绪等要充分理解，对来访者应持非道德性评价的原则，帮助来访者分析原因并寻找出路。良好的咨询关系应建立在信任的基础上，只有相互信任，才能更好沟通，这也是达到互相理解、实现咨询目标与意图所必需的。

第四条，尊重原则——尊重来访者的需求和选择权利，允许来访者选择继续或中止咨询。对于因咨询而需要了解的情况，应尽量坦诚、客观地说明原因，寻求理解与合作，不得以咨询员的主观想法强求来访者；热情、耐心、尊重、信任地接待来访者，营造亲切、自然的咨询气氛。

第五条，平等原则——心理咨询的效果如何，不仅取决于咨询者专业水平的高低，更重要的是取决于他与来访者之间的咨询关系，对来访者要诚恳、耐心、热情、平等相待。对所有的来访者应一视同仁，不应主观偏颇，并依先后顺序，予以接待。态度要和蔼，服务要热忱。但对问题较重，如发生较急的心理危机者，在对当前来访者予以解释后，优先接待。

第六条，支持原则——咨询中，提供心理支持是普遍需要的。对来访者的心理问题予以关注，使来访者感受并获得心理帮助。

第七条，合适原则——选择适合自己能力的咨询对象，制定合适的咨询方案，对不当的方案应果断放弃，注意专业职能的局限性，在职责和能力范围内开展工作。以真挚诚恳的态度接受来访者的求询，对无能为力的问题，应坦诚地告诉对方，请求谅解并且及时转介。转介时要耐心做好来访者的工作，不给他们增添心理负担。

第八条，中立原则——咨询者应对来访者谈话中涉及的道德问题保持中立，不做评判。对来访者的生活言行也不宜批评和指责。寻求或终止心理咨询由来访者决定，咨询员只能提建议不能强硬要求。相应地，随意终止心理咨询带来的不良影响也由来访者承担。

第九条，非指导性原则——心理咨询不同于一般的问题咨询，不需要对心理问题予以更多具体、直接的指导，应予以间接、非指导性的启发、引导、帮助与辅导，使来访者自己领悟，思索寻找解决办法。帮助来访者自己解决问题，而不是代替来访者解决问题。

第十条，感情限定的原则——咨访关系的确立和咨询工作顺利开展的关键，是咨询者和来访者心理的沟通和接近。但这也是有限度的。来自来访者的劝诱和要求，即便是好意的，在终止咨询之前也是应该予以拒绝的。个人间接触过密的话，不仅容易使来访者过于了解咨询员的内心世界和私生活，阻碍来访者的自我表现，也容易使咨询员该说的不能说，从而失去客观公正地判断事物的能力。

第十一条，重大决定延期的原则——心理咨询期间，由于来访者情绪过于不稳和动摇，原则上应规劝其不要轻易做出诸如退休、调换工作、退学、转学、离婚等重大决定。在咨询结束后，来访者的情绪得以安定、心境得以整理之后做出的决定，往往不容易后悔或反悔的概率较小。对此应在咨询开始时予以告知。

第十二条，守时原则——咨询师必须按照预约时间到位，不能随便失约，未经对方同意不能单方面改变预约时间。

四、心理咨询与心理治疗

心理咨询与心理治疗在本质上是一致的，见表1-1。

表1-1 心理咨询与心理治疗的区别

对比项目	心理咨询	心理治疗
接受帮助者	来访者、当事人、在适应和发展方面发生困难的正常人	精神病人、神经症病人、精神上受到打击的人
给予帮助	心理学训练	心理学训练和医学训练
障碍的性质	正常人在适应和发展方面的障碍，如人际关系、学业、升学、就业、婚姻、家庭等方面也涉及一些变态行为	神经症、人格障碍、行为障碍、人生疾病、性心理变态、处于缓解期的某些精神病等
障碍的特点	强调教育的原则和发展的原则，重视对象的理性的作用，强调发掘和用其潜在因素，自己解决困难，费时较少，从一次到若干次不等	强调人格的改造和行为矫正，重视症状的消除，有的治疗流派不重视病人理智的作用，如心理分析到行为治疗的费时较长，从数周到数年不等

五、如何对待心理咨询

心理咨询的理论与技巧源自西方医学与心理学，心理咨询在我国并不是一项发展成熟的专业服务，心理咨询师对国人而言，仍是一个相当新鲜而陌生的职业。也因此，民众对心理咨询容易产生误解。对待心理咨询的六大误区如下：

1. 精神病患者才需要心理咨询

许多人会以为接受心理咨询的人，通常是患有严重精神疾病的人，这是一个很大的误解。因为能够受惠于心理咨询的人，其本身的心理功能不会太差，至少要具有相当程度的说话能力、理解能力、人际交往能力等。因此，看心理咨询的人通常是一般没有心理疾病但是有不同程度心理困扰的人，或是患有轻微心理疾病的人，如神经症等。

2. 看心理咨询，一定要去精神科

有心理困扰或精神疾病的人，如果需要心理咨询，固然可以去精神科门诊，但是，一般精神科门诊由于医师太忙，通常不会主动提供，因此个案要主动提出要求。除了精神科门诊，提供心理咨询的地方还包括社区心理卫生中心、心理咨询中心、学生辅导中心，以及私人开设的各种心理工作室。

3. 心理咨询师是替人解决问题的人

许多人认为心理咨询师是专门替人解决心理问题的人，例如以为心理咨询师会帮助失业的人找到工作，帮助失恋的人重获爱情，帮助有外遇的人回心转意，帮助父母寻回离家的孩子等。这样的期待恐怕是要落空的，因为心理咨询师的主要工作是帮助个案自我了解，进而发挥个人的潜能，去处理生活中的人际问题，去为自己做最好的决定，去过自己想过的生活。

4. 心理咨询的谈话内容会绝对保密

基于职业道德，心理咨询师通常会对于个案当事人的谈话内容加以保密，即心理咨询师未经当事人同意，不会将当事人的谈话内容告诉其他人。但是，心理咨询的专业保密其实是有限制的，心理咨询师在下列情形之下，为了保护当事人及公众的安全，通常无法继续保密，而必须通知有关机构与人员。心理咨询专业保密的例外情况如下：

（1）当个案企图自杀或伤害自己时，心理咨询师为了保护个案的生命安全，只好通知其家属或有关医疗急救人员。

（2）当个案企图伤害他人或危害公共安全时，心理咨询师为了保护个案免于犯罪，以及保护无辜的第三者免于受害，只好通知有关机构与无辜第三者。

（3）当个案的行为涉及家庭暴力或儿童虐待时，心理咨询师依法为保护受害人，以及预防家庭暴力的继续发生，只好通知相关单位进行处理。

5. 心理咨询师具有透视人心的本事

心理咨询师既没有特异功能，也没有透视人心的本事，心理咨询师接受过扎实的心理学学习与心理咨询训练，因此，对于人的内心世界特别关心，对于个案所表述的问题特别敏感。如果想要获得心理咨询师最大的帮助，来访者需要和心理咨询师充分合作，愿意信任他，以及愿意花时间与心理咨询师一起努力。

6. 好的心理咨询，看一次就有效

心理咨询不同于一般的药物治疗，心理咨询很少看一次就有效。一般人求助于心理咨询时，通常是带着许多经年累月所形成的心理问题，因此，要有效改善累积多年的问题，要花较长的时间接受心理咨询。一般而言，心理咨询的时间不宜太短，根据塞利格曼（Seligman，1995）的研究，心理咨询的时间与疗效是成正比的。

学习目标检测 >>>

1. 什么是健康？什么是心理健康？
2. 列出大学生心理健康的标准。
3. 心理问题、心理障碍和心理疾病的区别是什么？
4. 心理咨询的定义以及功能是什么？心理咨询的原则有哪些？

 拓展阅读

"5·25"大学生心理健康日

2000年，由北京师范大学心理系团总支、学生会倡议，随后十多所高校响应，并经有部门批准，确定5月25日为"北京大学生心理健康日"。"5·25"是"我爱我"的谐音，对此，发起人的解释是：爱自己才能更好地爱他人。2004年，团中央学校部、全国学联共同决定将5月25日定为全国大中学生心理健康节。

把这样一个意义重大的节日定在5月25日，是用心挑选的。首先，5月4日是青年节，长期以来，5月被人们赋予了和年轻人一样的活力和激情。作为新一代的年轻人，选的活动当然是在5月。其次，鉴于大学生缺乏对心理健康知识的了解，由此导致缺乏对自己心理问题的认识，所以，心理健康日活动就是要提倡大学生爱自己，珍爱自己的生命，把握自己的机会，为自己创造更好的成才之路，并由珍爱自己发展到关爱他人、关爱社会。

※阅读感受

推荐影片：《天使爱美丽》

影片简介：

艾米莉有着别人看来不幸的童年：父亲在给她做健康检查时，发现她心跳过快，便断定她患上了心脏病，从此艾米莉与学校绝缘。随后因为一桩意外，母亲在她眼前突然死去。但这一切都毫不影响艾米莉对生活的豁达乐观。

1997年，戴安娜王妃的去世让她备感人生的孤独脆弱，艾米莉从此开始了一系列助人计划，包括帮助自闭忧郁的邻居老人、被老板刻薄对待的菜摊伙计、遗失了童年器物的旧房东、爱情失意的咖啡店同事。但她万万没有想到，成人录像带商店店员尼诺（马修·卡索维饰）竟成为她的棘手对象，艾米莉开始了令人哭笑不得的另类计划……

※观看感受

主题二

大学生活，
从心适应
——大学生适应心理辅导

 **学习目标 > > >**

在本堂课结束，学生将能够：
1. 列举大学生面临的变化。
2. 列举大学生适应期常见的心理困惑。
3. 案例分析，讨论大学生适应期的心理调适策略。
4. 确立人生新目标。

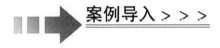 **案例导入 > > >**

一位大学新生的独白

"当我刚刚步入大学的时候，面对食堂不可口的饭菜，吃饭成了一种无奈；面对'教无定法'的教学方式，我不知道应该怎样'主动觅取'；面对性格各异的舍友，我感到陌生而又孤独。我躺在床上辗转反侧，一连好几天失眠，我非常想念父母，如果他们在我身边，我可以向他们求助。可现在，我该怎么办？"

要求：阅读以上文字，思考"大学是什么"并记录。

【学习目标一】
列举大学生面临的变化

提问：大学校园生活与初、高中有什么不一样？
学生活动：
1. 独立思考写出你初、高中生活与现在的区别。
2. 小组讨论，头脑风暴。

知识链接：大学生面临的四大变化

一、生活方式、文化环境的变化

在高中时，有些生活琐事依靠父母亲友的帮助，进入大学后，衣、食、住、行等个人生活都由自己处理安排，自主、自立、自律是大学生活的主旋律。大学生应适应这种生活方式的变化，自主而合理地处理好个人的学习和生活问题，注意培养独立生活的能力，养成良好的生活习惯。大学生与中学生担任的校内角色不同，在中学时，不少人是在学校里或班里担任一定职务、受人尊敬的学习尖子，而在人才荟萃的大学校园里，他们中的大多数可能成为不担任任何职务的普通学生。我们需要适应这种由出人头地到默默无闻，由高才生到一般学生的转变。

此外，大学生与中学生所担当的社会角色也不同，中学生的心理和思想正在发展中，职业方向和社会角色不够确定；而大学生的职业方向基本确定，社会地位有了较大提高，社会对大学生的期望和要求要比中学生高得多。因此，我们要适应从中学生到大学生这种社会角色的变化，处处用大学生的标准严格要求自己，既学做人又学做事。

二、学习环境的变化

（1）教学方式的变化。高中时，主要的教学方式是强制灌输型，老师牵着学生走，学生的学习模式相对简单，只需按照老师安排的进度和内容学习就可以了；而在大学课堂上的时间大大减少，课后老师也不再亲自督促和安排，学生在学习上有更多的可供自己支配的自由时间，所以大学生要学会自我管理，大学对学生的自主学习能力提出了更高的要求。

（2）学习内容的变化。目前我国的中学教育仍以应试教育为主，高中生学习的内容主要以书本和高考考试大纲要求的知识点为主；进入大学后，学生有了专业的选择，不仅要学习教材中的内容，还需要汲取更多的课外知识，培养自己的专业素养，提高自身综合能力。

同时，大学生还应该积极参加社会实践、生产实习，掌握实际操作技能，提高实习实训动手能力，以适应社会对人才的新需求。

（3）学习目标和动机的变化。高中生的学习目标简单而明确——通过高考，考上自己理想的大学。进入大学后，学习目标从单一化变为多元化：考研、出国、就业，等等。当学习不再只是为了取得好成绩时，很多学生失去了前进的动力，学习目标模糊不清，得过且过。

（4）学习地位的变化。高中时，学习成绩的好坏是判定一个学生优劣的唯一标准。只要成绩好，就能得到老师、家长的认可和表扬，得到各种荣誉和奖励。而在大学里，学生的综合素质能力被提上日程，对大学生的评价标准不再只看学习成绩，而是综合各方面的能力进行评估。

三、人际交往范围的变化

中学生大多在家乡附近就读，同学间充满乡音乡情；而大学生来自全国各地，语言、个性、生活习惯有很大差异。不论是人际关系的交往范围，还是人际关系的类型，或是人际交往的手段方式等，都发生了很大的变化，交往方式也就需要改变。

（1）大学人际关系的交往范围不断扩大。高中时，同学们多来自同一个城市或乡镇，大家拥有共同的风俗习惯，有相同的成长背景。相互之间的关系比较简单。进入大学后，生活范围扩大，交往范围也随之扩大，师生之间、同学之间、室友之间、老乡之间、社团会员之间等构成了大学生的人际交往网络系统，不论是学习还是生活中，大学生都接触更多的新同学和新朋友，从五湖四海汇聚来的同学，各有自己的风俗习惯，由此带来的冲突也更多、更明显，因而大学间的同学、朋友要实现和谐相处，必须学会求同存异。

（2）大学生人际关系类型发生变化。其一，师生关系。大学的师生关系更趋于平等，老师和学生之间的心理距离越来越小，老师不仅是严师更是益友，大学老师不像中学老师跟学生有频繁的接触和交往，但是，大学老师凭借着自身的魅力影响着学生，跟学生实现心灵的交流和沟通。其二，同学关系。大学的同学关系更复杂。中学同学间的竞争仅限于学业，而进入大学后，竞争存在于学习、工作、生活中的方方面面，加之大学同学来自不同的地区，有不同的家庭背景，无论是生活习惯还是个性特征都存在巨大的差异，在频繁的交往中，矛盾冲突也更容易出现。

（3）大学人际交往的方式更丰富。高中每天在一起学习的时间占了主要部分，同学间的交流方式基本局限于面对面的沟通。大学生活丰富多彩，学生的交往方式也从单一的面对面沟通发展为多层次的交往，如短信、电话形式的手机交流，微信、QQ、视频通话等形式的网络交流，还有信件、卡片等文字交流方式，人际关系更加立体化。

四、思维方式的变化

与高中相比，大学的生活节奏快，活动空间大，结交的人多。面对这些环境条件的变化，我们的思维方式要做到由"非成人化"向"成人化"转变。在思考处理问题时，要力求做到辩证全面而不要唯心片面，要远见务实而不要目光短浅，对人生重大问题的选择要深思熟虑，三思而后行，而不要盲目冲动或感情用事，要加强道德和法制观念，做事要考虑后果。

【学习目标二】
列举大学生适应期常见的心理困惑

提问：大学生主要心理矛盾和困惑有哪些？

学生活动：

1. 独立思考：刚来到这个学校，你遇到哪些适应方面的问题与困难？
2. 案例分析：小组讨论下列案例中存在的心理矛盾和困惑有哪些。

案例一：

李某，女，19岁，大学一年级学生。上大学之前，一直生活在一个县级市，她没有集体生活的经验，一切由父母料理。李某从小学习就好，并以优异的成绩考取了市重点高中，学习成绩名列前茅，老师喜欢，父母高兴，同学们也都将她视作中心围绕着她。

李某如愿以偿考上了大学，到了学校大家都用普通话交流，可李某说话带有浓重的乡音，李某开始变得不爱说话，尤其在英语口语课上总是十分紧张，怕被老师提问。学校举办了各种文体活动，同宿舍的同学都来自大城市，或会乐器，或爱好表演，积极地参与到文体活动中，李某没有什么特长和特别的爱好，因此就没有参与。她感到孤单寂寞，觉得自己万分痛苦，快要发疯了。

案例二：

某女生自入校以来，多次与室友发生意见分歧，又不会解决，自觉被孤立，每天在校园内形单影只，痛苦不已，要求老师介入调解无果。她们争论的问题为：

熄灯后是否可以说话？

阳台上为什么都是你的衣服？

给朋友打电话可不可以早一点？

你的鞋子能不能不要放在我的床下？

案例三：

某男生入学后高考成绩班级排名前列，但突如其来的"宽松"生活令其一下子使不上劲儿。以前的学习方法似乎也不那么管用，甚至对人生目标也感到十分迷惘，很快就迷上了网络，曾一度10门课不及格。

自述："以前有姐姐管着我，还有老师盯着我，现在他们都不在身边了，我就不知道该怎么办了。"

案例四：

小陈，女，从大学入学始，一直对专业认识度、认可度不高，认为自己是迫于家庭压力就读于本专业。

虽然成绩不错,却不知自己为何学习。

虽然为人善良,却因"恨屋及乌"而排斥同学、排斥集体。

虽然曾任班长,却因态度作风问题,最终淡出同学视线。

大三时,被确诊为躁郁症,多次萌生自杀想法。

案例五:

我是一名男生,今年17岁,来自沿海城市,高中时我经常憧憬美好的大学生活。拿到录取通知书的时候,我决心在大学里大显身手。

但进入大学后,我觉得现实中的大学和我从前想象的完全不一样。我原以为大学是学习知识、放飞梦想的天堂,没想到眼前的大学也不过如此,学校的环境和硬件设施甚至还不如我们高中,大学的老师、同学也远没有想象的那么好,一切的一切都与自己心目中的理想大学相距太远。现在,我整天闷闷不乐,无精打采,根本就没有心思学习。

知识链接:大学生心理发展过程中的矛盾

一、自豪感和自卑感的矛盾

大学生可以说是高考竞争的胜利者。中学时代,他们往往都是学生中的佼佼者,父母的宠爱、亲友和老师的赞扬、同学的羡慕,不可避免地使他们产生一种优越感、自豪感。但是大学是"高手如云""群英荟萃"的地方,许多大学生在此失去了优势,加之他们对大学生活认识不足,缺少必要的思想准备,一旦遇到挫折,那种盲目的自豪感、优越感也就随之消退,进而就会产生自卑心理。

二、独立性和依赖性的矛盾

大学生具有很强的独立意识,他们渴望独立,渴望自由,渴望摆脱家长、老师的管束。同时,他们远离父母和亲人,生活中的很多事情需要自己去处理,独立意识迅速增强,独立能力发展很快。然而他们与社会接触很少,社会阅历不够丰富,社会经验欠缺,在遇到复杂的问题时,很难自己做出决定。加之他们在经济上还不能独立,而且学业、择业等方面也离不开学校和家长的支持和安排。因此,他们还不能做到真正独立,还需依赖他人。

三、理想和现实的矛盾

理想作为一种社会意识和精神现象,是人们在对社会现实及其发展规律认识的基础上形成的具有实现可能性的对未来的向往和追求,是人们的政治立场、世界观、人生观和价值观在奋斗目标中的集中体现。理想具有现实可能性、时代性、阶级性、超前性、实践性等特征。理想不等于现实,它高于现实,是对现实的超越和升华;理想又不能脱离现实,与现实是相互统一、必然联系的。脱离现实的理想不仅没有立足的基础,而且也没有实现的可能性,只能是一种空想。

四、新鲜感与怀旧感的矛盾

大学新生在入校前往往把大学想得过于神秘,有的甚至把大学想象成为"理想的天堂""生活的乐园"。大学新的环境、新的师友、新的学习内容、现代化的设施和仪器设备……都是他们所未经历过的。总之,展现在他们眼前的大学生活总有着说不尽的新鲜感。但是,毕竟是新的环境,同过去在亲人身边生活显然大不相同。有些新生由于缺乏在新的环境中独立生活的思想准备和自立能力,很快发现自己在许多方面不能适应:对教学环境陌生、与同学不熟悉、学习生活不习惯,过去的自我往往会受到冲击。许多学生感到缺乏知心朋友,感觉大学同学之间的感情不够纯洁而不愿交友,从而产生烦躁、孤独的心理情绪。

五、精神放松与学习被动的矛盾

经过激烈的竞争,大学新生终于步入理想的殿堂。没有了老师的耳提面命、家长的严格督促、紧张的竞争环境,取而代之的是大学的自主学习、平和的竞争,尤其有些新生觉得考上大学就已到达了追求的终点,对学习的要求没有以往严格,往往有"松口气"的思想,甚至少数人产生厌学心理。但是随着大学的课程难度不断加深,在思想放松的影响下,造成了学习上的被动,他们感到学习上的矛盾与苦恼,失去了学习的兴趣。在这种情况下,轻则成绩不理想,考试不及格;重则因屡次不及格而产生悲观心理,最终不能完成学业。

六、渴望友谊与自我封闭的冲突

进入大学后,每个人都渴望交到朋友、获得友谊,但是许多人在交友的过程中害怕表现不好从而暴露自己的短处,把自己在别人心中的形象毁掉,所以他们又把自己封闭起来以维护自己的形象,这样又会使别人产生许多误会。这种冲突使自己备受煎熬。

【学习目标三】
讨论大学生适应期的心理调适策略

小组讨论：如果是你，你会如何面对与解决上述问题与困难？

知识链接：大学新生心理调适方式

一、教育和指导大学生形成自主能力

生活的实质在于独立，每个人都应该具有独立思考和独立解决问题的能力。日常生活的自我管理、社会生活中的多种矛盾、复杂的人际关系，都需要每个人独立面对，人不可能永远依赖父母和他人。但这种独立处理问题的能力不是天生的，主要靠在生活和实践中培养、锻炼。有的人害怕失败，遇到问题不是躲避就是依靠比自己能力强的人，于是就独立不了。其实，只要尝试着独立去解决，无论结果是成功还是失败，个人都会得到锻炼和提高。成功了，能力自然会提高；失败了，吸取教训，纠正错误，未来就会获得成功。只要你勇敢地一次次去尝试、去实践，就会拥有应变多种环境和社会变化的能力。大学生全面发展的一个重要方面就是独立自主。

二、教育和指导大学生正确调控自我

（1）建立理性的认知方式。正确认知是人适应和发展的前提和基础。人对生活的不适应大多来源于对现实的不合理认知方式。如自己对别人的绝对化要求，自己对别人以偏概全的过分概括化，对自己行为"糟糕至极"的悲观预期等。因此大学生要培养自己的辩证思维方式，改变自己对自我、对他人、对环境的不恰当认识，形成理性的认知方式以促进全面发展。

（2）适应角色要求。大学生的发展要符合社会要求，发展社会性知识、能力、情感、态度和健全个性，成为一个合格的社会角色。因此大学生要客观地了解自己，了解自己的长处和缺点，了解社会对自己的要求，使他人的"角色期望"和自己的"角色采择"一致，从而有助于自己去控制或改变自己的态度和行为，以达到改善人际关系、提高学习效率的目的，使自己不断向理想靠近，促进自己的全面发展。

（3）正确控制情绪。情绪不仅影响人的认知活动，而且对人的意志、行为和个性心理等起着积极或消极的作用。同时情绪还主宰人的健康，影响人际关系、学习和工作，以至影响个人的成功与发展。大学生面对社会的巨大变革及环境和角色的改变，难免会产生不良情绪，若不及时疏导、控制和调适，轻则陷入情绪低落和淡漠之中，重则产生恐惧、焦虑、烦躁等情感障碍，影响全面发展。大学生应当使自己有积极、乐观、稳定的情绪。

三、教育和指导大学生学会人际交往

人生的美好包括人际关系的美好。有了良好的人际关系，就有了支持的力量，有了归属感和安全感，心情才能愉快。大学生要全面发展，就要学会与人和谐相处，密切人际关系，学会主动关心别人、帮助别人，以主动开放的心态、开放的个性、真诚热烈的情感增进人际交往，增进对别人的了解和理解。要本着"求大同存小异"的原则，学习别人的优点，包容别人的缺点，以赢得更多的朋友和友谊，为将来进入社会打下广泛的人际交往基础。要指导大学生掌握必要的人际沟通的技巧和方法。

四、教育和指导大学生合理规划目标

目标是方向，是动力，是大学生全面发展的出发点和归宿。制定目标要合理、切实可行。首先，要根据社会发展和自我发展的需要制定一个远期目标，还要制定一个为实现远期目标所设立的近期目标，即短期内立即要做的事。

其次，目标的确立应当从自身实际出发，如自己的个性特点、能力水平以及客观环境提供的条件等，不可盲目追随别人或赶潮流。另外，还应该随时根据情况的变化及时调整目标，以免因为目标脱离现实而不能实现。只要我们能确立一个合适的目标，就一定会有行动的方向和动力。

【学习目标四】
确立人生的新目标

学生活动：

1. 跟过去说再见：每人拿出一张纸，在纸上写上"我为什么来到这里？""我是谁？""我现在想成为什么样的人？"

2. 你好，梦想：在另一张纸上写"毕业后想找一份什么样的工作？""想拥有哪些知识和能力？""我从现在起在大学阶段要做哪些努力？"

 学习目标检测 > > > ：

1. 列举大学生适应期常见的心理困惑。
2. 大学生在适应期如何做心理调适？

 **拓展阅读**

为自己减刑

一位朋友几年前进了监狱。有一次，我应邀到监狱为犯人们演讲，没有见到他，就请监狱长带给他一张纸条，上面写了一句话："平日都忙，你现在终于获得了学好一门外语的上好机会。"

几年后我接到一个兴高采烈的电话："嘿，我出来了！"我一听是他，便问："外语学好了吗？"他说："我带出来一部60万字的译稿，准备出版。"

他是刑满释放的，但我相信他是为自己大大地减了刑。茨威格在《象棋的故事》里写一个被囚禁的人无所事事时度日如年，而获得一本棋谱后日子过得飞快。外语就是我这位朋友的棋谱，轻松愉快地几乎把他的牢狱之灾全然赦免。

真正进监狱的人毕竟不多，但我却由此想到，很多人正恰与我的这位朋友相反，明明没有进监狱却把自己关在心造的监狱里，不肯自我减刑、自我赦免。

我见到过一位年轻的公共汽车售票员，一眼就可以看出他非常不喜欢这个职业，懒洋洋地招呼，爱理不理地售票，时不时抬手看看手表，然后满目无聊地看着窗外。我想，这辆公共汽车就是他的监狱，他却不知刑期多久。其实他何不转身把售票当作棋谱和外语呢，满心欢喜地把自己释放出来。

对有的人来说，一个仇人也是一座监狱，那人的一举一动都成了层层铁窗，天天为之而郁闷愤恨、担惊受怕。有人干脆扩而大之，把自己的嫉妒对象也当作了监狱，人家的每项成果都成了自己无法忍受的刑罚，白天黑夜独自煎熬。

听说过去英国人在印度农村抓窃贼时方法十分简单，抓到一个窃贼便在地上画一个圈让他待在里边，抓够了数字便把他们一个个从圆圈里拉出来排队押走。这真对得上"画地为牢"这个中国成语了，而我确实相信，世界上最恐怖的监狱并没有铁窗和围墙。

人类的智慧可以在不自由中寻找自由，也可以在自由中设置不自由。环顾四周多少匆忙的行人，眉眼带着一座座监狱在奔走。老友长谈，苦叹一声，依稀有银铐之声在叹息声中盘旋。

舒一舒眉，为自己减刑吧。除了自己，还有谁能让你恢复自由？

（选自余秋雨《霜冷长河》）

推荐影片：《大学新生》

影片简介：

西尼·怀特是南大西洋大学的一年级新生。开学伊始，西尼便满怀热情地申请加入了学校的女生联谊会。西尼已故的母亲曾经是该协会的创始人。而西尼入会也正是想遵循母亲的过往道路，以此来寄托对母亲的怀念。但是西尼从申请入会开始，就觉得这个协会的气氛不对。深入了解后，西尼发现这个协会已经变质了，如今的女生联谊会已然成为一个体制化的腐败权力组织。这时，学校里的一个由七个人组成的乐队出现在了西尼的生活中，与他们的交往让西尼又重新找到了归属感和自信。在乐队中名叫泰勒的男孩的帮助下，西尼最终鼓起勇气，向女生联谊会的腐败头头们正式宣战，开始了对校园生活体制的革命。

※观看感受

主题三

认识自我,
接纳自我
——大学生自我意识调适

学习目标 > > >

在本堂课结束后,学生将能够:

1. 进一步认识自己,展示一个"内心的我"。
2. 识记自我意识的概念,区分自我意识的结构类型。
3. 意识到"别人眼中的我"是什么样子,通过他人的评价来整合和完善自我意识。

 视频导入 > > >

镜像人生反思短片:《自己和他人眼中,我为何如此不同》

要求:观看视频的同时,记录要点、感受及启示。

【学习目标一】
进一步认识自己,展示一个"内心的我" "我是谁"

活动规则:
1. 按照表格示例列出的条目画表,填写上符合自己的答案。
2. 思考:做完这个活动,你是不是对自己有了清晰的认识呢?
3. 把自我认识的结果分享在表 3-1 中。

表 3-1 自我认识表

项目	真实的我	理想的我	别人眼中的我
1. 身高			
2. 体重			
3. 相貌			
4. 性别			
5. 家庭背景			
6. 文化程度			
7. 性格			
8. 人际关系			
9. 职业			
10. 家庭(配偶)			
11. 收入			
12. 兴趣、爱好			
13. 能力			
14. 理想抱负			
……			

【学习目标二】
识记自我意识的概念,区分自我意识的结构类型

提问:
1. 什么是自我意识?
2. 大学生自我意识的特性有哪些?

知识链接:自我意识

一、自我意识的概念及结构

(一) 自我意识概念

自我意识是一个人对自身的生命实体、精神风貌以及与外部社会关系的全方位的认知、体验和评价,它是关于自我的思想、情感和态度的主观反映。人的自我意识包括人的愿望、动机和已经形成的信念、价值观以及对未来的展望,同时包括诸如自豪或羞耻、自尊或自卑、自负或自责等情绪情感的体验。

自我意识(Self-consciousness)是意识的核心部分,是对自我的认知。它包含自我认知、自我体验和自我控制。简言之,自我意识是对自己及自己与周围环境关系的认识,包括对自己存在的认识,以及对个体身体、心理、社会特征以及自身生理状态等方面的认识和体验。

例如:你觉得你是一个怎样的人?你认为你在别人眼里是怎样的人?你满意自己的现状吗?你希望你成为一个怎样的人?你怎样改变现状成为自己期望的那种人?这些都叫自我意识。

自我意识包括三方面的内容,具体如下:

(1) 个体对自身生理状态的认识和体验。是指对自己身高、体重、容貌、性别等的认识以及生理病痛、温饱饥饿、劳累疲乏等的感受。

(2) 个体对自身心理状态的认识和体验。是指对自己的知识、能力、情绪、兴趣、爱好性格、气质等的认识和体验。

(3) 个体对自己与周围关系的认识与体验。是指对自己在群体中的地位、作用以及对自己和他人相互关系的认识、评价和体验。

自我意识的表现形式是多样的,正因为如此我们可以通过多种途径来认识自己,也认识别人。

(二) 自我意识的结构

自我意识可以从不同的角度进行分析。我们从知、情、意分为"自我认识、自我体验、自我控制";从自我本身分为"生理自我、社会自我、心理自我"。

自我意识的分类见表3-2。

表3-2 自我意识的分类

类别	自我认知	自我体验	自我控制
生理自我	对自己外貌、衣着、风度、家属、所有物等的认识	英俊、漂亮、有吸引力、迷人、自我悦纳	追求身体外表、物质欲望的满足，维持家庭利益等
社会自我	对自己的名望、地位、角色、性别、义务、责任、力量的认识	自尊、自信、自爱、自豪、自卑、自怜、自恋	追求名誉地位、与他人竞争、争取得到他人的好感等
心理自我	对自己的智力、性格、气质、兴趣、能力、记忆、思维等特点的认识	有能力、聪明、优雅、敏感、迟钝、感情丰富细腻	追求信仰、注意行为符合社会规范，要求智慧与能力的发展

从表3-2中可见，从知、情、意来看，自我意识在"自我认知、自我体验、自我控制"三个层面上展开。

1. 自我认知

自我认知是主观自我对客观自我的评价，包括自我感觉、自我观察、自我印象、自我分析、自我评价等。自我认知解决"我是一个什么样的人"的问题。自我认知层面上还包含现实自我与理想自我的冲突。特别是青年大学生，他们的理想自我一般都比较完美，高于现实自我，在实际中就会出现对现实自我的不满意，表现出自卑甚至自弃。大学生的自我认知以真实自我为轴心上下摆动，当取得一点成绩时，便显示出自负的一面；而当遇到挫折时，便表示出自卑的否定性评价，这都是大学生自我认知中客观存在的。

2. 自我体验

自我体验是主观自我对客观自我产生的情绪体验，是在自我认知基础之上产生的。自我认知决定自我体验，而自我体验又强化自我认知，主要集中在"能否悦纳自己""对自我是否满意"等方面。自我体验的内容十分丰富，可以包括义务感、责任感、优越感、荣誉感、羞耻感等。

在传统的教育中，我们对自我体验的重视与强化不够。事实上，自我体验对成长着的个体而言，具有不可替代的重要作用。有时，同样的事件，他人的体验与自我体验截然不同。这种自我体验具有不可替代性。希望大学生用心体会自我的成长，体会成长中的每一次阵痛、每一次受伤、每一次微笑，这些都将构成你们灿烂人生中美丽的风景线。

3. 自我控制

自我控制是对自己行为和思想、言语的控制，以达到自我期望的目标，包括自我激励、自我暗示、自强自律，核心内容是"我将如何规划自己的人生"。自我控制是自我中的最高阶段，其核心是"我应该做什么？""我应该成为什么样的人？""我应该选择如何做？"我们经常讲的"自制力"其实就是自我控制的能力。心理学研究表明：自我控制与大脑额叶的发展紧密相关，当我们生理正常时，自我认知与自我体验决定了自我控制，大学生应通过主观能动性，选择认识角度，转变认知观念，调整自我认知评价体系，感受积极自我。

自我控制是自我意识的关键环节，"知"与"行"之间有很长的路，大学生常常"心动而不行动"，事实上心动是一件容易的事，而真正历练意志则需要更多的自我控制。我们不妨打一个比方：早晨起床，应当是一件最简单不过的事，但对懒惰者而言，也是需要意志的，特别是寒冷冬天的早晨，想想被窝里的温暖，再面对起床的痛苦，都要进行思想斗争，而当意志成为一种习惯时，自我控制便转变为"自动化"。成功的人都有较强的自我控制能力。但并非所有的自我控制都是积极的，有的学生对自己的要求非常高，自我控制能力强，而在实际中却因为主观或客观原因没有能够达到，容易对自我产生怀疑与否定。

二、自我意识发展的四个时期及其特点

（1）生理自我形成期（1~3岁）：基本信任与不信任的心理冲突，自主与害羞、怀疑的冲突。一定程度的不信任是必需的，它可以防范和应付人生的挫折和危险，但个人正常发展的前提是信任感多于不信任感。自主性是意志这一美德形成的前提。

（2）社会自我形成期（3~12岁）：主动与内疚的冲突；勤奋与自卑的冲突。在这一时期如果儿童表现出的主动探究行为受到鼓励，就会形成主动性，这为他将来成为一个有责任感、有创造力的人奠定了基础。这一阶段的儿童都应在幼儿园和学校接受教育。如果他们能顺利地完成学习课程，就会获得勤奋感，这使他们在今后的独立生活和承担工作任务中充满信心。反之，就会产生自卑。

（3）心理自我发展期（12~18岁）：自我同一性与角色混乱的冲突。"同一性危机"是指无法正确认识自己、自己的职责、自己承担的角色的人格发展异常现象。

（4）自我意识的分化、矛盾、统一和稳定时期（19岁以上）：亲密与孤独的冲突。只有具有牢固的自我同一性的青年人才敢于冒与他人发生亲密关系的风险。因为与他人发生爱的关系，就是把自己的同一性与他人的同一性融为一体。这里有自我牺牲或损失，只有这样才能在恋爱中建立真正亲密无间的关系，从而获得亲密感，否则将产生孤独感。

三、大学生自我意识的特点

成年时期自我意识的形成，是经过整个青年期的分化、整合过程之后最终完成的，影响这一过程的因素，包括自小积累的经验，对他人的态度及来自他人的评价，独立的意识及自身在社会中的作用、地位与身份等。在这一过程中，青年期是身心发展的关键期，更是自我意识发展的关键期。个体在青年期生理、认识、情感等各方面的深刻变化，如性的成熟、思维与想象能力的发展，感受力的

提高，使大学生开始把关注的重点转向自身内部，开始去发现、体验自己的内心世界，并迫切要求形成自己独特的个性与独特的理解方式。

与同龄群体相比，大学生的生活阅历与学习特点决定了大学生自我意识的独特性，主要表现在以下三个方面：

(一) 时间上的"延缓偿付期"

大学并非人生必经时期，对大学生而言，思想上的独立与经济上的依赖，生理上的成熟与心理社会性成熟的滞后存在着深刻的矛盾。从年龄上看，大学生到了应该是自立的、独立承担社会责任的时候，但校园相对单纯的学习生活又使他们应当承担的社会责任在时间上向后延续。这种社会责任的向后延续使学生们处于"准成人"状态。这样也为大学生广泛深入细致地思考自我提供了时间的现实可能性。值得重视的是：大学生现实的责任感的后移并未减轻他们心理上的压力，特别是对于贫困学生。很多学生在作业中写道："每当自己坐在教室里读书时，常常不自觉地想到白发父母，本应当挑起家庭的重担，为父母分忧解难，却还要花父母的血汗钱，想来觉得非常难过，感到很不忍心。一种负罪感悄悄地袭上心头。"

(二) 空间上的"自主性"

大学为学生提供了一个多元文化背景的学习环境，特别是网络为学生提供了无限广阔的平等自由的学习与交流空间，而东西方文化的交融与发展更为大学生自我意识的发展提供了客观条件。但这种影响是双重的：一方面，大学生来自不同的家庭、不同的地域，有不同的人生追求，在共同的学习生活中，大家互相影响、互相包容，在这种互动的环境中逐渐形成自己的价值观念，特别是在心灵的沟通与碰撞中建立与尝试新的自我；另一方面，大学生在多种价值体系、多种文化的冲撞面前，原来建立的价值体系、自我观念会受到强烈的冲击，这种冲击有时甚至会使大学生怀疑自己。特别是大学新生，从原来的环境进入新的环境，原有的自我价值体系在重建中需要较高的反思能力与自我控制能力，"我是优秀的"可能被期末考试的"红灯"击得一无是处。这时，调整与反思自我便显得非常重要。

(三) 自我意识发展的"不平衡性"

大学生生理、心理与社会自我的发展并非平稳如河川。大学生的主观自我与他观自我往往表现出不一致性，特别是大学高年级学生，一直处于较高的自我意识水平，但随后到来的人才市场职业选择常常使他们长期建立的"高自我意识"与"自我概念"变得摇摇欲坠。一位毕业生说道："长期以来，一直心存优越感，尽管从多种渠道了解到高职学生已不再是天之骄子，但在就业市场上的冷遇还是让人受不了。"高主观自我与他观自我的不平衡，生理、心理与社会自我发展的不平衡都直接影响高职学生自我意识发展的水平。造成这种不平衡的主要原因有：高职学生的人生观、世界观尚在形成与健全之中，对自我的认识易受环境的影响；高职学生自我概念仍在不断的发展变化之中，大一新生和毕业生的自我概念并不一致，只有到大学毕业才能在不断的变化与调整及社会的需求中建立自己的自我概念；经历高考，大学生真正开始痛苦的"心理断乳"，适应新环境、新的人际关系必然带来发展着的自我意识与自我概念的不平衡。

四、自我意识的心理功能

（一）决定个体行为的持续性与合目标性

人是社会的动物，人的行为既受诸多社会因素影响，又在很大程度上与自己的自我意识有很大的关系。每个人的现实行为并不单是由其所在的情境决定的，而且更重要的是与对自我的认知、自我意识有着密切的联系。那些自我意识积极的学生，其成就动机和学习投入及学习成绩也明显优于那些自我意识消极的学生；当学生认为自己声名不佳时，他们会放松对自己行为的约束。可以说，个人怎样理解自己，是保证个体如何行为及以何种方式行为的重要前提。

（二）决定个体对经验的解释

不同的人可能会获得完全相同的经验，但每个人对这种经验的解释却可能有很大的不同。解释经验的方式取决于一个人的自我意识。一个自认为能力一般，只能获得平均成绩的学生，对于比较好的成绩会认为是取得了极大的成功，感到十分满足；而对于同样的成绩，一个自认为能力优秀、应当获得出众成绩的学生，会解释为是遭到了很大的失败，并体会到极大的挫折。事实证明，当个人的既有自我意识消极时，每一种经验都会与消极的自我评价联系在一起；而如果自我概念是积极的，每一种经验都可能被赋予积极的含义。

（三）影响个体的期望水平

自我意识不仅影响到个体现实的行为方式和个体对过去经验的解释，而且还影响到个体对未来事情发生的期待。这是因为，个体对自己的期望是在自我意识的基础上发展起来的，并与自我意识相一致，其后继的行为也决定于自我意识的性质。研究发现，差生的成绩落后并不是孤立存在的，而是他的整个行为动力系统都出现了角色偏离的结果。成绩长期落后对于普通学生是不正常的，但对于差生，由于他们的整个行为动力系统都出现了偏离，并在偏离的状况下形成了一个新的自相一致的系统，因而在系统内部一切并没有不正常。换言之，落后的学习成绩正是自己"期待"的结果。

五、大学生自我意识的整合

自我意识的矛盾冲突，常常会给高职学生带来不安或心理痛苦，他们总是力图通过自我探究来摆脱这种不安与痛苦。在自我意识的矛盾冲突中，自我意识也在不断调整、发展。在自我意识的不断调整、发展的过程中，他们极易寻求新的支点，寻找自我意识的统一点，整合自我意识。由于自我意识具有复杂性与多维性，高职学生逐渐在多向度中审视自我、调整自我，向理想自我靠近。这也是我们常说的自我同一性的建立。从多维度观察的自我同一性越高，自我意识发展越好，人格越完善。但是，由于每个人的成长背景、家庭教养方式、社会经济地位、人生志向、职业目标不同，他们的自我意识整合的结果与类型也不同。从自我意识的性质看，高职学生自我意识的整合结果表现在三个方面：

（一）积极自我的建立：自我肯定

自我肯定，即对自我的认识比较清晰、客观、全面、深刻。这种积极自我的特点是在经过痛苦的选择与调整之后，随着大学生逐渐成长，理想自我与现实自我趋于统一，主观自我与他观自我趋于一致，对自我的认识更加深刻、客观、理性。积极的自我不仅了解自己的长处与优势，也了解自己的不足与劣势，建立了积极自我的大学生能够分析哪些是通过努力可以达到的，哪些是无法企及的，从而进行积极的自我肯定，向着理想自我迈进。

（二）消极自我的建立：自我否定

消极的自我意识分为两种类型：自我贬损型与自我夸大型。自我贬损型的人由于总在积累失败与挫折的经历，对现实自我的评价较低，并时常伴有没有价值感、自我排斥、自我否定。他们不但不接纳自己，甚至自我拒绝、自我放弃，表现为没有朝气、随波逐流、缺少激情、生活没有目标，其结果则更加自卑，从而失去进取的动力。自我夸大型的人正好相反，他们对自我的评价非常高，往往脱离客观实际，常常以理想自我代替现实自我，盲目自尊，虚荣心强，心理防御意识强。其行为结果要么表现为缺乏理智、情绪冲动、忘记现实自我而沉浸于虚无缥缈的自我设计中，要么自吹自擂、自我陶醉，却不去为实现自我做出努力。自我贬损型与自我夸大型的共同特点是对自我评估不正确，理想自我不健全，缺乏实现理想自我的手段，形成后的自我虚弱而不完整，是一种不健康的自我整合。虽然大学生中这种类型的人较少，但严重者可能用违反社会规范或违法犯罪的手段来谋求自我意识的整合。

（三）自我冲突

自我冲突是难以达到整合的自我意识，它表现为自我评价始终在真实自我上下徘徊，自我认知或高或低，自我体验或好或坏，自我控制时强时弱，心理发展极不平衡，有时显得自信而成熟，有时又表现出自卑而不成熟，让人无法评估。自我冲突的人表现为两种类型：自我矛盾型与自我萎缩型。自我矛盾型的大学生，内心冲突激烈，持续时间长，自我认识、自我体验、自我控制不稳定，新的自我无法整合。例如，有的大学生可能既是一个自信的人，也可能是一个自卑的人；既是一个诚实的人，也可能是一个骗子；既是一个性格孤僻的人，也是一个善于交际的人。自我萎缩型的大学生缺乏理想自我，但又对现实自我深感不满，他们消极放任、自怨自艾，甚至麻木、自卑，以至于越来越消沉、对自己丧失信心，严重的还可以导致精神分裂症或绝望轻生。因此，自我冲突的大学生要逐渐调整自己的自我认知，客观认识自己与他人，客观看待成功与挫折，这样才能使自我意识在良性轨道上循环。

 **拓展阅读**

斯芬克斯之谜

在希腊的奥林匹斯山上，有一座特尔菲神殿，神殿里有一块石碑，上面写着"人，认识你自己"。宙斯觉得人类没有真正地认识自己，就派了一个"狮身人面"的怪兽斯芬克斯来到人间，她整天守在行人必经的路上，让众人猜一个谜："什么动物早上用四条腿走路，中午用两条腿走路，而到了晚上则用三条腿走路?"如果行人能够答对，她就放他过去，否则就把他吃掉。这样，日子一天天过去了，一直没有人答出来，所以众多的行人也就成了她的"口"中之物。有一天，一个叫俄狄浦斯的年轻人来到了她的面前，终于说出了这个神秘的谜底——人。斯芬克斯听到后大叫一声，跳下悬崖摔死了。这就是著名的"斯芬克斯之谜"的故事。从古代西方圣人苏格拉底"认识你自己"的呼声，到古代中国先哲老子的谆谆告诫"知人者智，自知者明"，无不在向人们诠释人类认识自身的重要性。直到今天，认识自我仍是每一个人必须面对的大问题。只有充分认识了自己，才能更好地发展自己、完善自己，做一个真真正正的人！

（资料来源：明晓辉，魏桂娟. 大学心理健康教育实用教程［M］. 2版. 长春：吉林大学出版社，2010.）

【学习目标三】
意识到"别人眼中的我"是什么样子，通过他人的评价来整合和完善自我意识

学生活动：背后留言

活动规则：

1. 组内每人在纸的最上面一行写下自己的姓名和对留言者说的一句话，大家相互帮助用胶带纸或大头针把纸固定到自己的后背上。

2. 组内每个人在同学的后背上写留言（约10分钟）。

3. 10分钟后停下，取下背后的纸，看看别人对自己的评价。

4. 分享活动感言。

 学习目标检测 >>>

1. 什么是自我意识？
2. 你属于自我意识的哪个时期？说说这个时期的特点。
3. 自我意识的结构有哪些？

【拓展阅读】

心宽一寸，路宽一丈

心宽一寸，路宽一丈。若不是心宽似海，哪有人生风平浪静？
人生最大的修养是包容。
它既不是懦弱也不是忍让，
而是察人之难，补人之短，扬人之长，谅人之过，
才不会嫉人之才，鄙人之能，讽人之缺，责人之误。
包容是肯定自己也承认他人，
是一种善待生活、善待别人的境界。
在包容的背后，蕴含的是爱心和坚强，
是挺直的脊梁，是博大的胸怀。
心若计较，处处都有怨言；
心若放宽，时时都是春天。
若要计较，没有一个人、一件事能让你满意。
人活一世，
最重要的是心灵的安稳和平静，
何必跟自己过不去。
心宽一寸，路宽一丈。若不是心宽似海，哪有人生的风平浪静？
有些事不管我们愿意不愿意，都要发生，
有些人不论喜欢不喜欢，都要面对。
人生中遇到的所有的事、所有的人，
都不是以我们的意志为转移。
愿意也好，不喜欢也罢，
该来的会来，该到的会到，
没有选择，无法逃避。
调整好自己内心，
用善良、爱心感染生活，感染人生。
让我们从爱自己开始，
内心的爱充满了，爱自然就溢出了……

※ 阅读感受

 推荐影片：《窈窕淑女》

影片简介：

卖花女伊莉莎·杜利特尔长得眉清目秀，聪明乖巧，但出身低微，家境贫寒。她每天到街头叫卖鲜花，赚点钱补贴家用。一天，伊莉莎低沉的嗓音引起了语言学家希金斯教授的注意，教授夸口只要经过他的训练，卖花女也可以成为贵夫人。伊莉莎觉得教授说的话对她是一个机会，就主动上门请求教授训练她。教授的朋友皮克林和他打赌，如果让伊莉莎以贵夫人的身份出席6个月后举办的大使游园会而不被人识破真相，那么皮克林愿意承担一切试验费用和伊莉莎的学费，这激起了教授的斗志，希金斯欣然接受了挑战。他从最基本的字母发音教起。希金斯是个精力旺盛和讲究科学的学者，对每一件感兴趣的事都能废寝忘食。他胸怀坦荡，丝毫不怀任何恶意，但他又像孩子一样，毫不顾及他人的感情，对伊莉莎严加训练。

※ 观看感受

主题四

优化学习，

成就自我

——大学生学习心理

第四部

学习目标 > > >

在本堂课结束后,学生将能够:
1. 定义学习(广义和狭义)。
2. 列举高职大学生学习的特点。
3. 讨论高职大学生常见的学习心理问题及调适方法。
4. 调整时间管理。

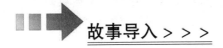 **故事导入 > > >**

挖好属于自己的井

话说有两个和尚,他们分别在相邻的两座山上的寺里。

这两座山之间有一条小溪,于是这两个和尚每天都会在同一时间下山去溪边挑水,久而久之,他们便成了好朋友。就这样,时间在每天挑水中,不知不觉过了5年。

突然有一天,左边这座山的和尚没有下山挑水,右边那座山的和尚心想:"他大概睡过头了。"便没有在意。

哪知第二天,左边这座山的和尚,还是没有下山挑水,第三天也一样,过了一个星期,还是一样。直到过了一个月,右边那座山的和尚终于坐不住了。

他心想:"我的朋友可能生病了,我要过去拜访他,看看能帮上什么忙。"

于是他便爬上了左边这座山,去探望他的老朋友。等他看到老友之后,大吃一惊,因为他的老友,正在寺前打太极拳,一点也不像一个月没喝水的人。

他好奇地问:"你已经一个月没有下山挑水了,难道你可以不喝水吗?"

左边这座山的和尚说:"来来来,我带你去看。"于是,他带着右边那座山的和尚走到寺的后院指着一口井说:"这5年来,我每天做完功课后,都会抽空挖这口井。即使有时很忙,能挖多少就算多少。如今,终于让我挖出了水,我就不必再下山挑水了,我可以有更多时间练我喜欢的太极拳。"

要求: 阅读故事,记录感受及启示。

【学习目标一】
定义学习

提问：
1. 学习的内涵是什么？广义的学习和狭义的学习分别指什么？
2. 为什么学习？

思考：
根据前面我们对学习的界定，回忆一下，从小到大，你的一次成功的"学习"经历。
◆ 从开始到学会花了多少时间？经历了哪些过程？
◆ 有哪些人、事或情绪促进了你的学习进程？
◆ 有哪些人、事或情绪阻碍了你的学习进程？
◆ 对现在的你有什么启发？

学生活动：
1. 独立思考后，写下一次成功的"学习"经历。
2. 小组讨论：学习的方式可以有哪些？

知识链接：学习概述

一、学习的含义

"学习"最早见于我国古代儒家名著《论语》，即"学而时习之，不亦乐乎？"但在我国古代，"学"与"习"两字是分开使用和理解的。一般来说，所谓"学"，主要是指获取知识和技能，有时指接受各种感性知识和有关六经之类的书本知识。它与"思"和"行"相对，有时又兼有"思"的含义。所谓"习"，主要是指巩固知识和技能。它一般有三种含义，即温习、练习、实习。总之，所谓"学习"，包括学、思、习、行。学、思、习、行的过程，就是学习的全过程。

在心理学中，学习是一个极广的概念。广义的学习，是指人和动物在生活过程中通过练习获得个体行为经验的过程。按照巴甫洛夫学说，凡能建立条件反射的有机体都有学习的行为。学习是动物和人类生活中的普遍现象，凡是通过行为方式的改变对新的条件、新的环境发生个体适应的地方都有学习。换句话说，凡是个体以自身经验发生的适应都是学习。从低等动物到高等动物，从婴儿到成人，都经常以个体经验的变化去适应其周围生活环境的不断变化。因此，广义的学习既包括动物的习得行为，也包括儿童学习走路、说话，同时又包括学生在学校学习知识、技能、道德等。

现代心理学家和教育学家一般认为，学习过程就是个体获得经验的过程，学习就是人类凭借经验产生的比较持久的行为的变化。美国心理学家桑代克把学习定义为："人类的学习就是人类本性和行为的改变。本性的改变只有在行为的变化上表现出来。"教育学家杜威则认为："学习即经验，即改造和改组的过程。"

狭义的学习是指学生的学习。学生的学习是在教师指导下，有目的、有计划、有组织、有系统地进行的，是一种特殊的学习过程。它有特定的学习内容和多种多样的方式。

关于学习的定义，应该把握三个要点：第一，主体身上必须产生某种变化，才能得出学习发生的推论。第二，这种变化是相对持久的。主体的有些变化，如适应、疲劳等，不能称作学习，因为这种变化是暂时的，是条件变化，如经适当休息，疲劳这种暂时性变化就会迅速消失。第三，主体的变化是由其与环境的相互作用而产生的，即后天习得的，排除由成熟或先天反应倾向所导致的变化。

二、学习的分类

学习过程非常复杂，学习内容非常广泛，学习的形式也是多种多样、差异较大，因此很难对学习进行统一分类。下面两种分类的观点是比较有影响的：

一种是加涅的分类，他根据学习的复杂程度，将学习从简单到复杂分为8类。加涅还认为，通过学习可以得到5个方面的结果：智慧技能、言语信息、认知策略、动作技能和态度。

另一种是奥苏伯尔（Ausubel，1968）的分类，他根据学习的内容，将学习分为有意义学习和机械学习；根据学习的方式，将学习分为接受学习与发现学习。

接受学习：讲授者将学习的内容以定论的形式传授给学生，对学生来说，学习就是被动"接受"知识的过程，学习中不要求学生主动去发现什么，而只要求他们把学习的内容化为自身的知识，以后能在恰当的时候把知识提取出来或加以运用。

发现学习：讲授者不直接把学习内容教给学生，而是在学生内化之前，让学生自己去发现这些内容。

有意义学习：通过符号、文字使学习者在头脑中获得相应的认知内容。

机械学习：学习者没有理解学习符号的真实含义，只是在学习内容与已有的知识结构之间建立一种非本质的、人为的联系。

【学习目标二】
列举高职院校大学生学习的特点

学生活动：
1. 独立思考写出你认为高职院校大学生学习的特点有哪些？
2. 头脑风暴。

知识链接：高职院校大学生学习的特点

高职院校大学生的学习是学生学习的一种特殊形式，属于更狭义的学习。高等职业教育本身的属性决定了高等职业教育的学习既有别于中等职业教育的学习，也有别于普通高等教育的学习，其主要有以下特点：

一、实用性

高职教育是我国高等教育的重要组成部分，培养的是"下得去、用得上、留得住"且深受第一线欢迎的高级应用型技术人才。其中，应用能力的培养是教学的宗旨和目标。教学内容必须是从事某职业岗位所必备且实用的基础理论知识，专业理论知识，成熟、先进的技术及管理服务规范。专业课教学突出实用性的特点，注重实际动手能力的培养；基础课、专业基础课理论知识的学习以应用为目的，以"必需""够用"为度，以岗位实用为准，根据专业应用能力目标进行安排。学校的管理、专业设置、设施配备及教学体系的构建都要围绕培养应用型人才这一高职教育的基本要求进行。

二、实践性

高职教育要培养素质高、能力强、上岗快、用得上的高级应用型技术人才，其中很重要的一点就是要使学生在校期间必须完成上岗前的实践训练。因此，学生的整个学习过程要突出技术应用实践性的特色。实习、实训教学时间的安排应占相当的比例。学业的考核应侧重于专业实践能力和创新能力。

三、专业性

大学是专业学习阶段，也是职业学习阶段。高职院校大学生要有扎实的专业知识与较强的实际动手操作能力，能够较好地掌握专业技能，以保证满足社会对相关专业技术人才的需要。因此，高职院校大学生的学习活动是以掌握专业知识和技能为特征，围绕着尽快成长为高级专门人才的目标而进行的。在3年时间里，高职院校的大学生们不仅要学习大量的基础课、专业基础课和专业课，还应该广泛涉猎多学科领域，扩大自己的知识面，保证一专多能，以便更好地满足社会发展的需要。

四、独立自主性

独立自主性是大学生与中学生的学习明显不同的特点。大学生的学习虽然也按专业教学计划，在教师的指导下进行，但大学生的课程安排较中学松，有相当大的自主空间。大学生要更多地通过自主学习来掌握教学目标所要求的内容，在学习中遇到的许多问题也主要依靠自己的力量去独立解决。大学生对学习什么、怎样学习要有清晰的思路，要利用课余时间，根据自己的需要、兴趣、特点进行恰当的安排，以保证既定的学业目标能顺利实现。

五、多元性

大学生学习的途径是多种多样的，课堂学习已不再是获得知识的唯一途径。除课堂学习外，大学生可以通过自学、实习、实训、调查、听专题讲座、听学术报告、参观、社会实践、上网、交流等各种形式进行学习。随着社会生活、沟通方式的变革，大学生树立新的学习观念，掌握个性化的学习方法势在必行。

六、现实性

调查表明，在高职院校大学生的学习动机中，发展成才的需要占据首要地位，对高职大学生的学习起到了持续性的推动作用。对个人和社会利益的追求也占重要地位，如工作待遇好、报酬高已成为高职大学生追逐的目标。由于高职大学生生活在市场经济的氛围中，因而在学习动机上表现出务实性，重视个人和社会的利益，追求成功和完善自我。

【学习目标三】
分析案例，讨论大学生常见的学习心理问题及调适方法

小组讨论：大学生常见的学习心理问题有哪些？

学生活动：
头脑风暴（改良版）。
补充笔记：

案例分析：

大学生常见的学习心理问题之学习动机

案例一：
　　我是一位来自山区、家庭经济困难的大学生，学业成绩一直非常优异。上大学后，忽然感到心中茫然，学习没有动力，生活没有目标，有时候想到辍学在家的妹妹和年迈的父母我也恨自己不争气，可我的确找不到奋斗的目标与学习的动力，学习上得过且过，生活上马马虎虎，毫无目的，上课打不起精神。我不是因为喜欢上网而荒废了学业，而是因为实在无聊才去上网聊天、打游戏，我如何才能摆脱这种状态？

案例二：
　　我今年已经大三了，一直优秀的我一向对自己要求很高，当然这也与家庭的

期望有关,父母都是具有高级职称的知识分子,在他们的言传身教下,我从小就知道努力与奋斗。在大学,我进行了认真细致的生涯设计,一步一个脚印向前走,成绩要拔尖,二年级通过大学英语六级和托福考试,为将来出国留学做好准备,三年级入党,与此同时锻炼自己在各方面的能力。于是,在大学我像一只陀螺飞速运转着,珍惜大学的分分秒秒,因为我相信付出总有回报。但我却发现离自己的目标越来越远,我忽然怀疑起自己的学习能力,我感到自己在学习上的优势在失去,甚至多年积累的自信也受到挑战,对未来,我忽然担心起来,我该如何办?

小组讨论:

1. 案例中二人分别产生了什么心理困惑?(主要从学习动机方面思考)
2. 针对他们的困惑,你认为有哪些调适的方法?

要求:
1. 各组把讨论得出的统一结论写在大白纸上。
2. 各组派出一名学生代表到台上进行分享,其余学生补充记笔记。

补充笔记:

知识链接:高职大学生常见的学习心理问题及调适

一、学习动机不足

经过紧张的高中生活,特别是经过高考,来到弥漫着自由气息的大学校园,很多高职大学生一下子放松下来。许多学生找不到生活和学习的目标,盲目地参加学校的各种社团活动、交友或者做兼职工作,无心学习,或者对学习只是应付,没有全身心地投入。

(一)学习动机不足的具体表现

(1)学习中有懒惰行为。懒惰行为体现在上课表现不积极,对于老师所讲的课程内容漠不关心，迟到早退，甚至逃课。课下不及时完成作业，应付了事，上交作业不及时或者干脆不做作业。他们通常会有种"明日复明日"和得过且过的惰怠思想，不肯在学习中付出努力，还总能为他们的懒惰行为找到自欺欺人的借口。

（2）学习时注意力不集中，容易受到外界干扰。学习动机不足导致上课时注意力难以集中，听讲不专心，思考不专注，学习不深入，对学习内容的理解不透彻，停留在一知半解的层面。学习兴趣不浓，容易因为外界的干扰而转移注意力、中断学习。

（3）对学习产生厌倦情绪。学习动机不足的学生常常认为学习是枯燥乏味的，对学习提不起兴趣，体验不到学习的快乐，认为学习很辛苦，久而久之，对学习便产生了冷漠、厌倦的情绪。

（4）学习缺乏独立性。部分学生学习未树立具体的目标，无论是对大学期间的整体学习还是对某一学科都抱着"随大流"的思想，不积极发挥自己的主观能动性，缺乏目的性和创造性。

（5）学习缺乏方法。很多高职学生原本有努力学习的愿望，却因为在多年的学习中没有形成科学的适合自己的学习方法，没有养成良好的学习习惯，导致学习效率低下，学习成绩不佳，久而久之，没有了学习动力。到了大学新的学习环境中，便更加难以适应了。

（二）学习动机不足的原因

高职学生学习动机不足的原因可以归纳为个人因素、家庭教育因素和社会因素等几个方面。具体体现在以下几点：

（1）没有明确的学习目标。这是学习动机不足的最主要原因。高职生经过以高考为指挥棒的高中生活，到了大学，仿佛进入了一个完全自由的天地，忽略了大学生活中隐形的课业压力，看不清未来走上社会的激烈竞争，学习处于盲目状态。

（2）对成绩不理想的原因分析不当。很多学生对自己学习成绩不理想的原因分析比较片面。有些同学认为是自己智商低，没有学习的天赋，多年来成绩一直上不去，完全是因为自己学习能力不够。还有些同学认为自己学习成绩不理想，主要是运气不好，没有考入好学校，或是没有遇见好老师，把原因归为外界环境不佳。

（3）缺乏学习的意志力。绝大多数高职生在中小学阶段，没能形成良好的学习习惯。有的学生刚入学时，也曾有过雄心壮志，一心想要学到真本领，可是时间一长，很难持之以恒，容易随波逐流，半途而废。

（4）缺乏学习的自信心。在长期的学习过程中，一些学生更多的体验是学习没有任何进步和随之而来的挫败感，很少能体验到成就感，这对他们的自信心造成了严重打击。久而久之，严重影响学习的兴趣和意志力，并形成了恶性循环。

（三）学习动机不足的应对措施

（1）树立明确的学习目标。认识学习的真正价值，树立大学阶段的学习目标，认真抓好学业与未来就业乃至人生的规划。从大方向着眼、小行动入手，将理想与日常行为密切结合在一起。制定各个学科的切实可行的学习目标和日常学习计划，既不能好高骛远，也不能标准过低，要根据自己的情况，难易适中，切合实际。

（2）正确认识自我。有意识地提升自我认知水平，只有清楚地掌握了自己的实际情况，才能准确地分析自己学习成绩不理想的真正原因，从而进行正确的归因，使学习成绩的提升建立在稳定可控的基础上，例如个人的努力。合理地利用外部条件，使其通过内因发挥作用。

（3）增强学习意志力。意志力是心理学的一个概念，是指人自觉地确定目的并根据目的调节支配自身的行动，克服困难，去实现预定目标的心理过程。意志力是一个人完成任何一项任务的必要条件。学习是一项持续性的任务，需要意志力的全程参与。可通过明确学习目标，坚定学习行动，不断自我鼓励，有效借用外界力量等方式提升学习意志力。

（4）培养学习的自信心。面对学习中的问题或困难，要积极乐观地应对，时时进行自我激励，看到自己今天与昨天相比的进步。从小目标开始，不"难为"自己，在点滴的进步中获得成就感，从而使自信心得以不断提升。

二、学习动机过强

与学习动机不足相对的是学习动机过强。如果学习动机过强，遇到一些较高难度的学习任务时，会对学习形成阻力，使学习效率下降。

（一）学习动机过强的具体表现

（1）学习强度过大。过强的学习动机使得这部分学生几乎将全部课余时间都用于学习，将除了学习之外的所有大学活动视为对时间的浪费。他们错过了人际交往能力、组织协调能力、语言表达能力等重要能力的培养机会，忽略了个人综合素养的全面提升，给自己的学习压力过大。

（2）自我要求过于严苛。过强的学习动机会使学生自我要求过于苛刻，产生过强的获得奖励的动机，过分注重分数和成绩排名等，制定的学习目标往往过高，不切实际，且要求自己只能成功，不能失败，以致自己很难达到目标，经常体验到挫败感，使自己压力过大，常常产生深深的自责。

（3）紧张焦虑。学习动机过强的同学时常表现为情绪紧张，甚至焦虑。他们不能以舒缓放松的心情学习和生活，经常为学习担心，特别是在考试前焦虑的情绪更为明显，常导致食欲不振、坐卧不宁，甚至严重影响睡眠，使得正常的学习和生活受到影响，记忆力减退，课堂上越想认真听讲，却越是心不在焉，学习效率大大降低。

（二）学习动机过强的原因

（1）学业目标设置过高。这些学生在设置学业目标时，没有准确评估自身的真实情况，被表面的过强的学习动机干扰，自我期望值较高，盲目渴望成功，好高骛远，脱离实际，制定的学习目标往往遥不可及。

(2) 认知模式不正确。认为学习单靠个人努力就可以实现目标、获得成功，或是片面地将学习成绩视为大学学业成功的唯一标准，并以此作为自我评价的唯一标准，而忽略大学对学生考核的多元化评价体系，从而给自己施加过重的精神压力，产生了过强的学习动机。

(3) 受到外在不利因素的影响。动机过强者除了内在的个人要强因素，还可能是外在因素的影响所致。比如，家人、学校或亲朋对他们有较高的期待，或是看到他们的稍许进步便大加赞赏和鼓励，给学习者提出更多更高的要求，这在一定程度上促使这些学习者进一步形成过强的学习动机。

(三) 学习动机过强的应对措施

(1) 设定合理的目标。针对设定的学业目标过高的问题，这类学生应该结合自身的实际情况，设定合理的目标。

(2) 学会放松。学习是一种紧张的智力活动，用脑时间过长，容易造成脑部缺氧，产生疲劳，使大脑反应迟钝、记忆力下降、思维能力受阻。对学习动机过强的人而言，适当休息、充实生活是必要的。因为休息能使处于紧张状态的大脑得以放松，使原来兴奋的脑细胞转入抑制，加速血液循环，改善大脑血氧供应，使大脑功能迅速恢复，有利于学习效率的提高。

【学习目标四】
调整时间管理

学生活动时间馅饼游戏：画一个圆，用不同区域表示一天24小时自己的时间安排（图的区域大小与时间花费成正比），并用不同颜色加以区分。

小组讨论：

将自己的时间饼图和别的同学的比较，分组讨论：
1. 对自己一天时间的安排满意吗？理由是什么？
2. 哪一部分占的时间最多？
3. 哪一部分的时间是可以增加的？
4. 哪一部分的时间是可以减少的？

学生活动：
各组推选出本组讨论发言最具代表性的学生进行全班分享。
补充笔记：

知识链接：时间管理
一、时间管理的概念
时间管理是指个体为有效利用时间资源而进行的计划和控制活动，也就是在同样的时间消耗下，为提高时间的利用率和有效性而进行的一系列工作。时间管理所探索的是如何减少时间浪费，以便有效地完成既定目标。其目标是使人们从被动、自然地使用时间转为系统、集中、有目的、有计划地主动分配、使用时间,从而进行高效的、富有创造性的劳动。

在信息爆炸的今天,面对竞争的压力、高品质生活的需求,人们越来越认识到时间的珍贵,因此人人都需要有时间管理的概念,人人都需要学习时间管理的方法,尤其是大学生更需要学习。

二、时间管理的积极意义

请问,如果每天都有 86 400 元进入你的银行户头,你在一天内可以随心所欲,想怎么用就怎么用,条件只有一个:你必须当天用光。因为用剩的钱不能留到第二天再用,也不能归自己。你会如何使用这笔钱?

天下真有这样的好事吗?是的,你真的有这样一个户头,那就是"时间"。每一个人每天都会有 86 400 秒进账,那么面对这样一笔财富,你打算怎样利用它呢?拥有这样一笔财富,我们怎么可以视而不见,又怎么可以随意处置?这个问题恐怕需要我们花点时间来考虑。有人曾粗略地统计过一个活到 73 岁的美国人的时间是怎么花的:睡觉约 21 年,工作约 14 年,做个人卫生约 7 年,吃饭约 6 年,旅行约 6 年,排队约 6 年,学习约 4 年,开会约 3 年,打电话约 2 年,找东西约 1 年,其他约 3 年。

看了上面这一组数据,大家有何感受?时间是一种宝贵的资源,它的流逝具有一维性,任何人都无法阻止其向前;它不会因人的身份高低而变长或变短,也不会因为某个个体的喜爱而变得可以被收藏;时间一旦逝去则无法追回,它不会停留在我们想要它停留的某一点上。时间的不可逆性要求我们不断提高管理时间的能力,利用好当前拥有的每一分钟。时间管理就是为了实现目标而对时间进行计划、安排、控制、分配、使用、反馈等活动,对我们个人都有非常重要的积极意义。

首先,良好的时间管理能力有助于提高学习效率。高效率的学习能使我们充分利用时间,学到更多的知识和技能。所以,良好的时间管理能力可以对个人的学业产生促进作用。时间管理能力越强,学业成绩就越好;时间管理能力越弱,则学业成绩就越差。

其次,良好的时间管理有助于获得成功。善于管理时间的人能够出色、快捷地完成学习任务,取得优秀的成绩。这会促使其有更强的自信心和自尊心,不断进取,为实现远大理想而做好充足的准备。

最后,良好的时间管理能力有利于身心健康。善于管理时间的同学由于能够快捷地完成学习任务,所以能给自己留出更多的时间来休闲和放松,或是发展个人的爱好,这都有益于身心健康。甚至有人说:"时间管理最重要的目的是创造更多的休闲时间。"国外大量研究表明,缺少时间做个人的事情常常引发各种身心疾病。因此,良好的时间管理能力有助于个人维护身心健康,而身心健康是成才的一个必备条件。

此外,当今社会发展迅速,科学技术不断更新,新知识、新技术不断涌现,这就要求我们不断学习新的技能,不断完善自己的知识体系。因此需要在课余时间进行再学习。善于驾驭时间的同学就能够抽出更多的时间去"充电",这有利于同学们不断发展,在激烈的竞争中保持优势。对于大多数同学而言,大学时代是最后一次系统地、集中地接受教育的人生阶段。这段时间对于大学生来说,其宝贵程度不言而喻,可谓人生的黄金时期。科学合理地管理时间是大学生建立深厚知识基础、获得良好知识储备的重要保证,也是大学生不断塑造自我、修正自我,以期获得更好成长与发展的基本前提。因此,大学生学会科学管理时间的方法与技巧有着十分特殊而重要的意义。

三、时间管理的基本策略

（一）设定合理目标

弗洛伦丝·查德威克曾先后两次横渡英吉利海峡,其成功的关键就在于有明确的目标。虽然看不见对面的陆地,但陆地在她心中。有了目标就有了奋斗的动力,因此她奋力向前游,并取得了成功。

目标不仅要明确,而且要设置合理。轻易即可达到的目标将丧失其激励作用;定得过高,束之高阁,也只能是纸上谈兵,同样达不到确定学习目标的目的。所以,要从客观实际出发,把目标建立在切实可行的基础上。

首先,要分析实际情况。在分析时,要考虑本专业的总体培养要求、各专业课的基本要求、自己现有的知识基础以及可利用的时间和精力等。

其次,是确定目标。明确自己的实际情况后,再设置目标,并且要考虑到自己的发展需求。在校学习的大学生,可以把弥补某个薄弱环节作为一定时期的主攻目标。一个人的时间和精力总是有限的,如果没有明确的目标,缺乏主攻方向,今天向西,明天向东,走到哪儿算哪儿,就会白白耗费精力。

（二）制订可行计划

在明确目标的基础上,还要为自己制订一个切实可行的计划,养成按自己选定的目标和制订的计划学习的习惯。

每位大学生都应当学会制定自己的学习计划表。一份有效的学习计划表可分为三步:一是统计非学习的活动以及这些活动所占用的时间总量。二是计算尚有多少时间可用于学习。三是绘制一份每周活动图表,把学习时间列在突出位置。其中第一步可以通过核查用去的时间确定;第二步可以通过学习时间统计表来完成;第三步可以通过应用日程表来做到。掌握时间管理的方法,分清学习任务的轻重缓急,可以有效利用时间,提高自学的效率和质量。

在制定学习计划表时,应注意的问题:

（1）安排一天中感觉最好的时间段用于自学。

（2）安排学习内容要分清主次、缓急。

（3）根据学习内容的不同,安排合适的时段和时间的多少。

（4）连续学习的时间不要太长,一般以两小时为宜。

（5）在较长时间的学习中,应交替安排两种以上的学习内容,以改换不同的用脑方式，起到调节脑功能的作用。

（6）要善于利用零碎时间。

大学里自由支配的时间较多，大学生要学会自我管理，首先就是时间管理。充分利用大学时光，把学习时间和其他时间分配好，是助你成才的重要内容。

（三）拒绝拖延行为

终结拖延行为可采用以下几种方法：

（1）将一件事情分成几个小部分，化整为零，把大任务分成小任务。

（2）限定完成期限，对任务的完成时间做出预期，给自己强行制定出一段时间需要完成的任务，要确保时间上不能留太多的余地。

（3）分时段学习，不要连续作业。注意劳逸结合，尝试用一两个小时努力学习，搞出成果，然后给自己一个短暂的休息。

（4）让别人一同参与，请你的家人或朋友监督和督促，让他们证明你会在特定的时间内完成你的任务。

（5）从最简单的方面入手，如果一项任务既庞大又复杂，让你觉得无从下手，那么你可以试试从最简单的方面入手，循序渐进。这样既可以节省时间，又不会让自己有借口拖延。

（6）尽可能排除干扰，关掉手机，关掉音乐，关掉电视……将一切可能让你分心的干扰统统排除掉，全心全力地去做事情。

学习目标检测 >>>

1. 列举高职大学生学习的特点。
2. 列举出大学生常见的学习心理问题。
3. 制定一份自己的学习计划表。

【拓展阅读】

时间管理

时间管理是指通过事先规划和运用一定的技巧、方法与工具实现对时间的灵活有效运用，从而实现个人或组织的既定目标，EMBA、MBA等主流商业管理教育均将时间管理能力作为一项对企业管理者的基本要求包括在内。

有关时间管理的研究已有相当长的历史。时间管理理论可分为四代：

第一代着重强调利用便条与备忘录，在忙碌中调配时间与精力。

第二代强调工作日志与日程表的作用，反映出时间管理已注意到规划未来的重要性。

第三代是目前正流行的讲求优先顺序的观念。也就是依据轻重缓急设定短、中、长期目标，再逐日制订实现目标的计划，将有限的时间、精力加以分配，争取最高的效率。这种做法有它可取的地方。但也有人发现，过分强调效率，把时间安排得死死的，反而会产生反效果，使人失去增进感情、满足个人需要以及享受意外之喜的机会。于是许多人放弃这种过于死板拘束的时间管理法，回到前两代的做法，以维护生活的品质。

第四代理论已经出现，它与以往截然不同之处是根本否定"时间管理"这个概念，主张关键不在于时间管理，而在于个人管理。与其着重于时间与事务的安排，不如把重心放在维持产出与产能的平衡上。

时间管理的方法有很多，如新概念GTD、帕累托原则、"四象限"法、麦肯锡30秒电梯理论以及莫法特休息法等。

时间管理"四象限"法

时间管理"四象限"法是美国的管理学家科维提出的一个时间管理的理论，这种方法把工作按照重要和紧急两个不同的程度进行划分，基本上可以分为四个象限：既紧急又重要（如客户投诉、即将到期的任务、财务危机等）、重要但不紧急（如建立人际关系、人员培训、制定防范措施等）、紧急但不重要（如电话铃声、不速之客、部门会议等）、既不紧急也不重要（如上网、闲谈、邮件、写博客等）。如图4-1所示。

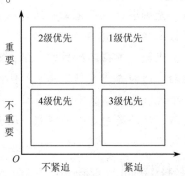

图4-1 时间管理"四象限"图

按处理顺序划分：先是既紧急又重要的，接着是重要但不紧急的，再到紧急但不重要的，最后才是既不紧急也不重要的。"四象限"法的关键在于第二和第三类的顺序问题，必须非常小心区分。另外，也要注意划分好第一和第三类事，都是紧急的，区别就在于前者能带来价值，实现某种重要目标，而后者不能。

以下是四个象限的具体说明：

1. 第一象限是重要又急迫的事

举例：诸如应付难缠的客户、准时完成工作、住院手术，等等。

这是考验我们的经验、判断力的时刻，也是可以用心耕耘的园地。但我们也不能忘记，很多重要的事都是因为一拖再拖或事前准备不足，而变成迫在眉睫的。

该象限的本质是缺乏有效的工作计划导致本处于"重要但不紧急"的第二象限的事情转变过来的，这也是传统思维状态下的管理者的通常状况，就是"忙"。

2. 第二象限是重要但不紧急的事

举例：主要是与生活品质有关的事，包括长期的规划、问题的发掘与预防、参加培训、向上级提出问题处理的建议等事项。

荒废这个领域将使第一象限日益扩大，使我们陷入更大的压力，在危机中疲于应付。反之，多投入一些时间在这个领域有利于提高实践能力，缩小第一象限的范围。做好事先的规划、准备与预防措施，很多急事将无从产生。这个领域的事情不会对我们造成催促力量，所以必须主动去做，这是发挥个人领导力的领域。

这更是传统低效管理者与高效卓越管理者的重要区别标志，建议管理者要把80%的精力投到该象限的工作，以使第一象限的"急"事无限变少，不再瞎"忙"。

3. 第三象限是紧急但不重要的事

举例：电话、会议、突来访客都属于这一类。

表面看似第一象限，因为迫切的呼声会让我们产生"这件事很重要"的错觉——实际上就算重要也是对别人而言。我们花很多时间在这个里面打转，自以为是在第一象限，其实不过是在满足别人的期望与标准。

4. 第四象限是既不紧急也不重要的事

举例：阅读令人上瘾的无聊小说、毫无意义的电视节目、办公室聊天等。简言之就是浪费生命，所以根本不值得花半点时间在这个象限。但我们往往在一、三象限来回奔走，忙得焦头烂额，不得不到第四象限去疗养一番再出发。这部分范围倒不见得都是休闲活动，因为真正有创造意义的休闲活动是很有价值的。然而像阅读令人上瘾的无聊小说、毫无意义的电视节目、办公室聊天等，这样的休息不但不是为了走更长的路，反而是对身心的毁损，刚开始时也许有滋有味，到后来你就会发现其实是很空虚的。

帕累托原则（Pareto Principle）

帕累托原则又称重要的少数、微不足道的多数，或80对20定律、犹太法则等，是19世纪末20世纪初由意大利经济学家及社会学家帕累托提出的，最初主要用于经济领域的决策。该原则的核心内容是生活中80%的结果几乎源于20%的活动。因此，要把注意力放在20%的关键事情上。这一原则是说在任何一组事物中，最重要的通常只占其中的一小部分，因此对于重要但只占少数的部分必须分配更多的资源，更要注重对它的管理。在时间管理中运用帕累托原则有助于应付一长列有待完成的工作。将一大堆需要完成的工作列出优先顺序，把最应优先完成的作为工作的重中之重，并花上一段时间集中精力去完成。

推荐影片:《风雨哈佛路》

影片简介:

丽兹(索拉·伯奇饰)出生在美国的贫民窟里,从小就承受着家庭的千疮百孔,父母酗酒吸毒,母亲患上了精神分裂症。贫穷的丽兹需要出去乞讨、流浪,生活的苦难似乎无穷无尽。

随着慢慢长大,丽兹知道,只有读书成才,方能改变自身命运,走出泥潭般的现状。她从老师那里争取到一张试卷,漂亮地完成后,争取到了读书的机会。从那时起,丽兹在漫漫求学路上开始了征程。她千方百计地申请哈佛的全额奖学金,面试的时候连一件像样的衣服也没有。然而,贫困并没有止住丽兹前进的决心,在她的人生里面,永不退缩地奋斗是永恒的主题。

※观看感受:

主题五

认识情绪,
管理情绪
——大学生情绪管理

学习目标 > > >

在本堂课结束后,学生将能够:

1. 列举情绪的影响。
2. 讨论大学生常见的情绪困扰。
3. 解释合理情绪疗法理论模型中的 A、B、C、D、E,并运用理论模型,分析案例。

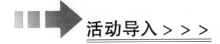 **活动导入 > > >**

认识情绪——写下关于"情绪"的形容词

要求:

学生自己独立地在笔记本上写下描述"情绪"的形容词,尽量多写,能想到的都写出来。

【学习目标一】
列举情绪的影响

提问：
情绪对一个人有什么样的影响？
要求：
1. 独立思考2分钟，写下自己的答案。
2. 小组讨论3分钟。
3. 改良版头脑风暴：按小组顺序回答（5分钟）。

小组讨论：

1. 讨论案例一中两只羊羔命运不同的原因。
2. 讨论案例二中马加爵犯罪的原因。

案例一：

两只羔羊实验

心理学家做了这样一个实验：把同一窝生下的两只健壮的羊羔安排在温度、湿度、光照、食物相同的条件下生活，唯一不同的是，其中有一只羊羔的身边拴了一只狼。结果，生活在狼身边的羊羔，从早到晚感受着狼的威胁，处于惊吓和恐惧之中，不思进食，逐渐消瘦而死；另一只羊羔则没有恐惧心理，一直生活得很快活，长得很健壮。

案例二：

马加爵杀人案

2004年2月23日，云南大学发生骇人听闻的马加爵杀人案，一时震惊全国，传遍大学校园，成为社会谈论的焦点。罪犯马加爵是一名大四学生，案发前在和同学玩牌时，只因为同学说他作弊，感到非常气愤，咽不下这口气，便怀恨在心，遂起杀心，在宿舍内3天连续用铁锤杀害4名同学，将尸体藏匿在衣柜里，自己畏罪潜逃。案发后，公安部立即发布A级通缉令，在海南省三亚市将其抓获。3月25日，马加爵被判处死刑，立即执行。

知识链接：情绪的影响

一、情绪影响身心健康

怒伤肝、喜伤心、思伤脾、忧伤肺、恐伤肾。

长期情绪不好，会使大脑经常处于过度兴奋和过度疲劳的状态，久而久之，就逐渐丧失了正常的指挥和调节身体各部分器官活动的功能和作用。于是，神经衰弱、失眠、肠胃病、高血压、脑血栓、癌症等疾患发生。

二、情绪影响人的认知

一个不能控制情绪的人脾气就容易暴躁，遇事容易冲动，缺乏冷静思考判断能力，冲动过后又容易产生受挫感。

三、情绪影响人的行为

积极的情绪可以提高人体的机能，能够促进人的活动，能够形成一种动力，激励人去努力，而且，在活动中能够起到促进的作用。

消极情绪会使人感到难受，会抑制人的活动能力，活动起来动作缓慢、反应迟钝、效率低下；消极的情绪会减弱人的体力与精力，活动中易感到劳累、精力不足、没兴趣。

【学习目标二】
讨论大学生常见的情绪困扰

小组讨论：大学生常见的情绪困扰有哪些？

学生活动：
1. 回顾关于"情绪"的形容词。
2. 结合实际讨论大学生常见的情绪困扰有哪些并圈出。

知识链接：情绪

一、情绪的概念

情绪：指人们在心理活动中，对客观事物是否符合自身需要的态度体验。情绪的要素有生理反应、心理体验和行为表现，具有以下特点：

（1）客观事物是情绪的源泉。
（2）情绪以需要是否满足为中介。
（3）情绪是一种内心感受。
（4）情绪有其生理反应。
（5）情绪表现在行为上。

二、情绪的类别

人类的基本情绪有四种：喜、怒、哀、惧。

其他的情绪都是在这四种基本情绪基础上衍生出来的。喜有满足、有快乐、有高兴、有舒适等，这些都属于喜的成分。怒有愤怒、有生气、有不满、有怨恨等，这些都属于怒的成分。哀有悲伤、有悲泣、有苦闷等，这些都属于哀的成分。还有惧，就是恐惧、害怕、担心等。

喜：愉悦、欣喜、欢乐、开心、喜悦、满意、狂喜、心旷神怡、兴高采烈、手舞足蹈、欢欣鼓舞、满面春风、眉开眼笑、扬眉吐气……

怒：愤怒、生气、气愤、暴跳如雷、盛怒、气恼、恼羞成怒、大怒、七窍生烟、怒发冲冠、怒目而视、咬牙切齿、愤愤不平……

哀：悲哀、哀伤、伤心、悲恸欲绝、垂头丧气、伤感、泪流满面、难过、失望、哀痛、悲伤、遗憾……

惧：害怕、恐惧、紧张、不寒而栗、提心吊胆、胆战心惊、心悸、仓皇、担心、手足无措、草木皆兵……

三、情绪的状态

心境：是比较微弱而持久、带有渲染性的情绪状态。特点是具有弥散性，不具有特定指向。

激情：一种为时短暂但又爆发力很强的情绪状态，但往往会出现意识狭窄。

应激：是出乎意料的紧急事件所引起的极度紧张的情绪状态，机体出现一系列生物性反应，在心理上则意识范围缩小。

【学习目标三】
解释合理情绪疗法理论模型中的 A、B、C、D、E，并运用理论模型分析案例

提问：

什么是合理情绪疗法 ABCDE 理论？

知识链接：合理情绪疗法 ABCDE 理论模型

合理情绪疗法基本原理

艾利斯的 REF 理论认为：情绪并不是由某一诱发事件本身直接引起的，而是由经历这一事件的个体对这一事件的解释和评价引起的。这一理论也称为情绪困扰的 ABCDE 理论：A 是指诱发性事件；B 是指个体所遇到的诱发性事件之后产生的相应信念，即他对这一事件的想法、解释和评价；C 是指在特定的情景下，个体的情绪及行为的结果；D 即驳斥、对抗，实际上也是一个咨询治疗过程流程图，产生有效治疗效果 E。如图 5-1 所示。

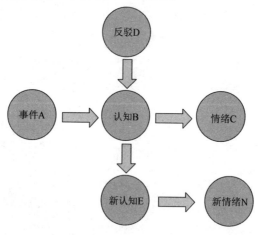

图 5-1　合理情绪疗法 ABCDE 理论模型

事件解析：

事件：你的好友说周末会找你去逛街，但整个周末他都没有和你联络。

想法 1：这个人一点都不讲信用→讨厌

想法 2：他根本不当我是朋友→气愤

想法 3：他可能突然有急事来不及通知我→谅解

想法 4：他不会是来找我时出了什么意外吧？→担心

案例解析：

A. 事件：小林高考失利来到一所不理想的大学。

B. 原想法：我真没用，觉得很丢脸，这辈子完了。

C. 引发的情绪：不开心，郁郁寡欢，焦虑不安，自卑。

D. 驳斥原想法的不合理性：一次失败不代表一个人永远失败，这次发挥不好也不代表我笨、没用，这是犯了以偏概全的错误。

E. 建立理性的新想法：这次发挥不好不代表我笨，这次没考好的原因是自己没有认真复习，在大学里认真学习、不断充实完善提升自己，情况会好转。

N. 新情绪：自信。

 小组讨论

案例一：

有一个年轻人失恋了，一直摆脱不了事实的打击，情绪低落，已经影响到了他的正常生活。他没办法专心学习和工作，因为无法集中精力，头脑中全是前女友的薄情寡义。他认为自己在感情上付出了，却没有收到回报，自己很傻、很不幸。

案例二：

小雅的宿舍气氛很沉闷，很少有人说笑。她想：舍友不爱说笑是不是因为她们彼此不喜欢，不高兴，在生气，我可不能做错事或说错话，否则一定会惹得她们对我不满，然后冷淡我、疏远我。于是小雅每天神经都处于紧张状态，说话、做事都特别小心谨慎，感到特别压抑、紧张、疲惫。

要求：

1. 第1、2、3……组讨论分析案例一；第4、5、6……组讨论分析案例二。

2. 各组选出组长，带领组员先阅读案例，然后讨论案例中的A、B、C分别是什么？并且列举两种以上的E及对应的N；把讨论产出的结果先记在A4纸上。

3. 第1、2、3……组合并成第一大组，第4、5、6……组合并成第二大组，讨论汇总之前的答案，互相补充，把最终的产出结果写在大白纸上。

4. 各大组选派出一名学生，上台进行分享，其余学生补充记笔记。

知识链接：情绪调节适度宣泄法

1. 合理宣泄法

人在生活中不可避免地会产生各种不良情绪，假如不采取适当的方法加以宣泄和调节，将给身心带来十分不利的影响。过分压抑只会使情绪困扰加重，适度宣泄可以把不良情绪释放出来，从而使紧张情绪得以缓解。因此，有不良情绪时，最简单的方法就是宣泄。你可以采用下列方式——哭出来、说出来、动起来、乐起来。一是在适当的场合哭一场；二是向他人倾诉；三是进行适度运动；四是放声歌唱、呐喊。但要注意发泄不要伤害自己和他人，比如醉酒、打架等。

2. 积极的自我暗示

心理暗示，从心理学角度讲，就是个人通过语言、形象、想象等方式，对自身施加影响的过程。自我暗示分消极自我暗示和积极自我暗示。积极自我暗示不知不觉之中对自己的意志、心理以至生理状态产生影响，积极的心理暗示令我们保持好的心情、乐观的情绪、自信心，从而调动人的内在因素，发挥主观能动性。心理学上所讲的"皮格马利翁效应"也称期望效应，就讲的是积极的自我暗示。消极的自我暗示会强化我们个性中的弱点，唤醒我们潜藏在心灵深处的自卑、怯懦、嫉妒等，从而影响情绪。

3. 注意力转移法

心理学研究表明：当一个人产生某种情绪时，头脑中会出现一个较强的兴奋区。这时，如果另外建立一个或几个兴奋区就可以抵消或冲淡这个较强的兴奋区。可以采取如下办法：一是改变注意力焦点，可以分散自己的注意力，转移注意力的焦点；二是做自己感兴趣的事；三是改变环境。

4. 放松法

放松法主要用来调节过度紧张所引起的情绪。放松法包括呼吸放松法、肌肉放松法、想象放松法和静坐等。

5. 升华法

这是把负性情绪转变为有自我价值的行动，积极投入学习、工作和生活中去，勤奋学习，努力工作，即产生化悲痛为力量、化愤怒为动力的行动。

6. 改变认知法

详见上述合理情绪疗法理论模型。

学习目标检测 >>>

合理情绪疗法中的 A、B、C、D、E 各指的是什么？

 **拓展阅读**

让心情归零

一位年轻的小伙子也不知每天忙什么，总是行色匆匆、火烧眉毛的样子，那表情好像和老婆说句话都是多余的。按说他有房有车，生活得也不错，但总是一副急于奔命的神色。工作重要，但还是要抽出时间陪陪老婆孩子。他妻子说，不陪也罢，回来不让人看到难看的脸色就行了。

是的，人的情绪跟生活中的许多东西一样，有好有坏，每家都有垃圾桶盛放废弃不用的东西，办公桌下还有个废纸篓，连电脑里也有个回收站，把没用的东西清理掉。

情绪这种东西虽然看不见摸不着，但坏情绪对人是有害的。心理学家说：人的一生中有40%的时间都处于负面情绪状态。也就是说，我们将近一半的时间，都在与着急、失落、生气、郁闷、懊恼、悲伤、痛苦、焦躁、愤怒、恐惧等灰色情绪做斗争。如果不将其及时清理掉，不仅危及你自己的生活，还会影响身边的家人和朋友。

※**阅读感受**

推荐影片：《头脑特工队》

影片简介：

莱莉因为父亲工作变动举家搬迁至旧金山，面临新的环境，但就在此时，莱莉脑中控制欢乐与忧伤的两位脑内大臣乐乐与忧忧迷失在茫茫脑海中，大脑总部只剩下掌管愤怒、害怕与厌恶的三位干部负责，导致本来乐观的莱莉变成愤世嫉俗的少女。乐乐与忧忧必须尽快在复杂的脑世界中回到大脑总部，让莱莉重拾原本快乐正常的情绪。

※ 观看感受

主题六

学会交往，
开心生活
——大学生人际关系建立

主题六 学会交往，开心生活——大学生人际关系建立

学习目标 > > >

在本堂课结束后，学生将能够：
1. 定义人际关系，解释人际关系建立和发展的过程。
2. 归纳大学生人际交往的特点。
3. 分析案例，列举大学生人际交往中常见的问题。
4. 总结人际关系的原则与技巧，改善自己的人际关系。

活动导入 > > >

看图说话

图6-1：当我们人生中面临个人无法跨越的障碍时，有良好的人际关系、有好的合作伙伴或团队的支持可以保证我们每一个人跨越靠个人难以跨越的障碍，从而获得成功。

图6-1

图6-2：当背对背拴在一起的两匹马都只看到自己眼前的食料，拼命奔向自己的目标时，却发现因为对方的反向牵扯而让它们都无法吃到食料。当它们停下来面对面思考探讨，并找到了一个有效的合作方案后，双双实现了目标，都吃到了食料。

图6-2

要求：看图体味故事，记录感受及启示。

【学习目标一】
定义人际关系，解释人际关系建立和发展的过程

提问：
什么是良好的人际关系？

知识链接：人际关系

一、人际交往的含义

如果我们拥有良好的社会关系，就会更健康、更快乐。反之，如果没有良好的社会关系或者社会关系很糟糕，我们就会产生孤独、寂寞、无助等消极情绪。有研究表明，有许多朋友的人或者拥有其他社会支持网络的人，通常具有较高的幸福感、良好的身心健康状态，而且比较长寿，而朋友较少的人主观幸福感则往往较低。建立人际关系是最让人感到快乐和兴奋的生活事件，而失去人际关系则是最糟糕、最让人难过的事件之一。

所谓人际交往是指我们在某一段时间里与某些人互动的信息交流。人际交往是人类发展过程中为了生存、为了适应群体生活与合作的方式而产生的，因此带有明显的社会性。人际交往的社会性还表现在人类使用在劳动中发展起来的语言进行交往。除了语言，人类还利用面部表情、手势、姿态、声调等进行互助交往。

在现代社会中，网络已经成为人们生活中不可缺少的一部分。网络的出现和迅速发展改变了人们传统的生活方式和交往方式，引发了一种新型的人际交往方式，即人们在任何地方任何时候与任何人都可以借助计算机和网络进行面对面的信息交流。当人们采用这种方式交流的时候，他们所采用的工具及一些特有的网络语言都有很大的不同。

二、人际关系建立与发展的过程

奥尔特曼和泰勒（1973）认为，良好的人际关系的建立和发展，从交往由浅入深的角度来看，一般需要经过定向、情感探索、感情交流和稳定交往四个阶段。

（一）定向阶段

定向阶段包含着对交往对象的注意、抉择和初步沟通等多方面的心理活动。在熙熙攘攘的人的世界里，我们并不是同任何一个人都建立良好的关系，而是对人际关系的对象有着高度的选择性。在通常情况下，只有那些具有某种会激起我们兴趣的特征的人，才会引起我们的特别注意。在一个团体中，我们在人际关系

方面会将这些人放在注意的中心。

注意也是选择，它本身反映着某种需要倾向。比如在我们选择恋人时，某些与我们观念中理想的情人形象相接近的那些异性，尤其会吸引我们的注意。

与注意不同，抉择是理性的决策。而注意的选择是自发的，非理性的。我们究竟决定选择谁作为交往对象，并与之保持良好的人际关系，往往要经过自觉的选择过程。只有那些在我们的价值观念上具有重要意义的人，我们才会选作交往和建立人际关系的对象。

初步沟通是我们在选定一定的交往对象之后，试图与这一对象建立某种联系的实际行动。目的是对别人获得一个最初步的了解，以便使自己知道是否可以与对方有进一步的交往，从而使彼此之间关系的发展获得一个明确的定向。由于初步沟通实际上是试图建立更深刻关系的尝试，因此，尽管我们所暴露的有关自我的信息是最表面的，但我们都希望在初步沟通过程中给对方留下良好的第一印象，以便使以后关系的发展获得一个积极的定向。

人际关系的定向阶段，其时间跨度随不同的情况而不同。邂逅而相见恨晚的人，定向阶段会在第一次见面时就完成。而对于可能有经常的接触机会，彼此又都有较强的自我防卫意识的人，这一阶段要经过长时间沟通才能完成。

（二）情感探索阶段

这一阶段的目的，是彼此探索双方在哪些方面可以建立真实的情感联系，而不是仅仅停留于一般的正式交往模式。在这一阶段，随着双方共同情感领域的发现，双方的沟通也会越来越广泛，自我暴露的深度与广度也逐渐增加。但在这一阶段，人们的话题仍避免触及别人私密性的领域，自我暴露也不涉及自己根本的方面。尽管在这一阶段人们在双方关系上已开始有一定程度的情感卷入，但双方的交往模式仍与定向阶段相类似，具有很强的正式交往特征，彼此还都仍然注意自己表现的规范性。

（三）感情交流阶段

人际关系发展到感情交流阶段，双方关系的性质开始出现实质性变化。此时双方人际关系的安全感已经得到确立，因而谈话也开始广泛涉及自我的许多方面，并有较深的情感卷入。如果关系在这一阶段破裂，将会给人带来相当大的心理压力。在这一阶段，双方的表现已经超出正式交往的范围，正式交往模式的压力已经趋于消失。此时，人们会相互提供真实的评价性的反馈信息，提供建议，彼此进行真诚的赞赏和批评。

（四）稳定交往阶段

在这一阶段，人们心理上的相容性会进一步增加，自我暴露也更广泛深刻。此时，人们已经可以允许对方进入自己高度私密性的领域，分享自己的生活空间和财产。但在实际生活中，很少有人达到这一情感层次的友谊关系。许多人同别人的关系并没有在第三阶段的基础上进一步发展，而是仅仅在第三阶段的同一水平上简单重复。

【学习目标二】归纳大学生人际交往的特点

小组讨论：大学生人际交往的特点有哪些？

学生活动：

1. 各小组结合实际讨论，列举出大学生人际交往的特点。

2. 头脑风暴，按小组顺序依次交流，并补充笔记。

知识链接：大学生人际交往特点与类型

一、大学生人际交往特点

大学生的文化层次较高，生理和心理日趋成熟，比较重感情，因此大学生的人际交往具有与其他社会交往不同的特点。

（一）平等意识强

大学生随着自我意识的发展，对独立和自尊的要求日益增强，于是产生了强烈的"成人感"，对交往的平等性要求越来越高。他们既对他人平等相待，又希望他人对自己也平等相待。所以大学生更多地选择与同辈交往而远离父母，回避居高临下的教训，渴望平等沟通，那些傲慢无礼、不尊敬他人、操纵欲与支配欲强、嫉妒心强、报复心强的人常常不受欢迎。

（二）感情色彩浓

大学生普遍希望通过交往获得友谊。对友谊的珍惜与渴求及青年人情感丰富的特点，使大学生在人际交往中十分注重感情的交流，讲求情投意合和心灵深处的共鸣。但是大学生的情感不是很稳定，有点变化无常，表现为时而欢欣鼓舞，时而焦虑悲观，经常容易用感情代替理智。

（三）富于理想化

大学生的人际交往具有浓厚的理想色彩，比较重思想，纯洁真诚，无论是对朋友，还是对师长，都不掺任何杂质，总是以理想标准要求对方，一旦发现对方某些不好的品质就深感失望。与其他人群相比，大学生人际交往的挫折感较强，这使一些大学生有自我封闭的双重性。

（四）存在张扬个性与遵守社会规则的矛盾

（1）现在的许多大学生对一些较枯燥的课程缺乏兴趣，包括所学的专业课，在课堂上会不加掩饰地做自己喜欢的事。

（2）现在的许多大学生对一些老师的教学方式比较挑剔或不认可，缺乏换位思考。

（3）现在的许多大学生在人际交往中很少服输，即使自身存在不足，内心胆怯，在行动上也很少表现出谦虚，他们认为这是竞争意识的表现。

（4）在交往中有的大学生以不文明语言进行信息交流和情感沟通，影响了和谐人际关系的形成。语言是表达思想感情、交流信息的重要手段，文明的语言能激励大学生振奋精神开拓进取，因此使用文明的语言进行沟通是十分必要的。

二、大学生人际交往的类型

按关系对象分：同学关系、师生关系、网络人际关系。

按密切程度分：融洽关系、冷淡关系、冲突关系。

按影响程度分：利益相关关系、利益无关关系。

按情感成分分：公事关系、私人关系。

拓展阅读

与城里的同学站在同一起跑线上

下面是一个来自农村的大学生的内心独白：我和那些刚从农村来到大学的同学一样，也经历过尴尬、苦恼和无奈，然而，这不是我们的错，我最想说的是："我们农村同学也有资本。"

是的，我们来自农村，没进过麦当劳、肯德基，没摸过电脑、复读机，名牌、明星、时尚都与我们无缘。因为贫穷，我们要省吃俭用、勤工俭学，还要维护自尊，努力抓住各种机会。人生有很多事情是自己无法选择的，从出生的那一刻起，就注定了我们的沉重与艰难。但是，也正是艰辛的生活经历，练就了我们勤劳、刻苦、朴实、率真、坚忍的品格，这也是一种资本。诚然，城市同学接触的社会面广，思想更开阔，这是由于生活经历不同所产生的差别。我们总是不断地问自己："生命的意义究竟是什么？"如果我们是在不断地迎接挑战，完善自我，在摸爬滚打中体味活着的感觉，就应该庆幸我们争取到了环境的变化。来自农村可能在一定程度上使我们的生活更沉重，但是勇敢地抛出自己的"资本"，也会获得成功。

我是一个农村大学生，可出身的差别并没有阻止我和城市的同学以同一种身份站在同一条起跑线上。而且，既然我们的弱点是先天环境造成的，那么今天面对同样的环境，我们为何不抓紧时间弥补不足呢？我们需要理解和尊重，但这需要时间，让事实说话。痛苦和艰难是一定会有的，请相信：只要我们不断进取，并保持好的心态，一定会有所收获。

学生活动：阅读故事，记录感受及启示。

【学习目标三】
分析案例，列举大学生人际交往中常见的问题

**小组讨论：**

1. 下列案例中两位同学分别有什么人际关系问题？
2. 针对他们的问题，你有哪些建议？

学生活动：

1. 各小组讨论，按以上问题对案例进行分析。
2. 把统一得出的结论写在大白纸上。
3. 各组派出一名学生代表进行分享，其他同学记录笔记。

案例一：

孤独焦虑的独行侠

林同学，女，20 岁，某高职院校大二学生。她自述经常无法入睡，睡眠质量很差，无法坚持学习，心情很糟糕。经仔细询问和深谈后才知道她与同学关系不和，导致自己孤独苦闷。

她来自农村，母亲多年积劳成疾，患有多种慢性病，家庭比较贫困，家里有姐弟两人。她性格内向，不善言语，喜欢独来独往，很少与人交往。但她很节俭，从不与同学攀比，学习刻苦，成绩优异。然而自上大学之后，她发现以前的生活方式完全不适合大学生活，想融入班集体中，却不知道如何与人交往，怎样处理与宿舍同学之间、班级同学之间的关系。

一年多来，她和班上同学相处很不融洽，跟舍友曾经发生过几次不小的冲突，关系相当紧张。她经常独来独往，基本上不和班上的同学交流，集体活动也很少参加，与同学的感情淡漠。她觉得自己没有一个能相互了解、谈得来的知心朋友，常常感到孤独和自卑，长期的苦恼和焦虑导致她精神疲惫、体质下降。本想通过埋头学习的方法来减轻痛苦，然而事与愿违，由于她学习精力很难集中，效果很差，成绩急剧下降，后来竟出现考试不及格的现象。她感到恐慌，失去了坚持学习的信心。这种心理使她逐渐对大学生活失去了兴趣，一度出现自暴自弃的现象。

案例二：

室友相处不融洽，大一新生退学回家

学生小豪以优异的成绩考入江苏某大学，他的成绩让全家人感到骄傲。然而，刚走进大学校园的小豪，面临的不仅是大一学业的压力，还有难以处理的人际关系，尤其是舍友之间。小豪对记者说："其实我刚入学时就厌倦了这里的生活，主要是我不喜欢我的舍友，和班主任也曾沟通过换寝室，但一直没有结果。"

据小豪介绍，他的舍友来自不同省份，每人都有不同的性格和生活方式。"记得我刚来学校时，拿起一根黄瓜就吃，一个南方的舍友取笑我，因此，我很长时间都没和他说话。我睡在下铺，最讨厌别人坐在我床上，可是有两个舍友却不管不顾，不管是聊天还是吃饭，经常坐在我床上，一开始我请求他们别这样做，但他们却不以为然，后来我生气了，他们还为此记恨我。"然而这些琐事都不是让小豪退学的直接原因。

"这几个月下来，我与舍友相处得非常不好，我感觉他们都在孤立我，有时我明明在外面听见他们在屋里说话，可是当我开门进去后，屋里就静了下来。"在小豪看来，他的舍友经常一起针对他，以致小豪不敢回、不想回、不愿回寝室，甚至将寝室视为一个让人痛苦的地方。"有个舍友脚臭，我和他说了一次后，他不仅不改变卫生习惯，反而更不爱洗脚。上个月说好寝室的人一起去聚餐，可是他们谁都没叫我。我喜欢上班里的一名女生，可是当舍友知道后，却让另外一个舍友也去追求她，这一点让我对他们更加痛恨。"

由于每天受这些琐碎的人际关系影响，小豪不仅成绩下降，还经常失眠，为此，他与家里多次沟通无果后，自己偷偷办理了退学手续。"我实在不想上大学了，回家自己能做什么就做什么吧。尽管父母为此很伤心，但是我已经对大学生活失去了信心。"

知识链接：大学生人际交往中常见的问题

(1) 自我中心。以自己的需要和兴趣为中心，只关心自己的利益得失，很少关心他人，完全从自己的经验、立场去认识和解决问题，固执己见，唯我独尊，就算明知别人正确，也不愿意改变自己或接受别人的意见，因而难以从态度、价值观上与别人进行交流。

(2) 嫉妒心理。个体在发现自己的才能、外貌、境遇等方面不如别人时产生的由焦虑、羞愧、猜疑、怨恨等组成的复杂情感，甚至带有某种破坏性的意图。

(3) 自卑心理。表现为对自己的能力评价过低，轻视自己，觉得自己不如他人。在人际交往中常常缺乏自信，畏首畏尾，如果受到别人的嘲笑，更是忍气吞声。社交范围狭小。

(4) 羞怯心理。在人际交往中表现出腼腆，扭捏，不自然，脸色绯红，说话音量小，无法充分表达自己的情感与思想，严重者对交往采取回避的态度。

(5) 多疑心理。对别人的言语和行为常疑神疑鬼，以"小人之心度君子之腹"，认为别人经常说自己坏话，跟他过不去。比如，相识的同学走过了也没打招呼，多疑者会想："为什么他对我视而不见？肯定是对我有意见。"

(6) 孤僻心理。不愿意与他人接触、交往，喜欢独来独往。具体表现为希望拥有自己的独立空间，不受他人干扰，自己的东西不喜欢被别人碰，不愿意向他人吐露心声，不爱联系人。

(7) 缺乏人际交往能力。内心渴望与同学交往，却缺乏人际交往的基本技巧，比如，想关心别人但不知从何做起，想赞美别人但不知如何开口；想邀请别人但总感觉没有机会。总之，不懂得如何与人相处。

(8) "假面具"。不敢表现真实的自己。

【学习目标四】
总结人际关系的原则与技巧，改善自己的人际关系

分组讨论：
A组：你认为人缘较好的人通常具有哪些特征？
B组：根据以往经历，谈谈自己是怎样交到好朋友的。

学生活动：
1. 各小组结合实际讨论。
2. 头脑风暴，按小组顺序依次交流，并补充笔记。

知识链接：人际交往的技巧

一、慎重给人提建议

最大的危险就是在别人没有征求你意见的时候提建议，有些人会拒绝采纳你的建议，无论这些建议有多好，或者你的初衷有多高尚。如果你坚持这样做，你和他们之间的关系就会受到影响。不要再把时间和精力浪费在试图解决别人的问题上，这种试图解决别人的问题的做法，等于是说他们没有能力做好这件事。喜欢主动向别人提建议的人应该认识到，智者不需要建议，傻瓜不采纳建议，所以你没有必要提。当有人来向你征求建议的时候，你要先弄清楚他希望得到什么样的建议，然后再向他提建议。要向别人提供他希望得到的建议，这可能是一种解决那些实际上并不重要的问题的好策略。

二、善于倾听别人说话

这一点很关键。在与别人交流的时候，仔细认真地听别人说话，你就能够很准确地理解和领会别人想要表达的思想，以及说话的目的，这样你就能够准确地

表达自己的思想，表达自己的观点，能够很好地与人交流和沟通，达到事半功倍的效果。

三、换位思考

做什么事都要换位思考，遇到事情时，不妨站在对方的角度去思考问题，从对方的立场出发，想想我们这样做对方会如何想，会引发的后果，这样我们就能够想清楚，把事情做到最佳。假如对方是领导就更应该注意这一点，但是前提必须把自己的思维上升一个高度。假如你是领导，希望对方如何去做，会产生什么样的效果，得与失都要想明白，做事就能够得当。养成这样的思维习惯，在处理很多问题上，就能轻松自如、恰到好处。

四、交谈、聆听与目光接触的技巧

一次成功的交谈不仅取决于交谈的内容，更多地取决于交谈者的神态、语气和动作等。同样的一句话，用不同的语调说出会有不同的效果，所以我们在交谈的时候要表达自己的友善之心，不要盛气凌人。同时，不要没完没了地说个不停，应给别人说话的机会，不能随便打断别人的谈话，忽视别人的感觉。

聆听也是一门艺术。聆听需要我们耐心地倾听，同时要做出适当的反应。这时应当注意集中精神、表情自然，经常与对方交流目光，适当地用嘉许的点头或微笑来表示你很乐意倾听。这样，别人才更有信心继续讲下去。如有疑问，我们也可以提出一些富有启发性的问题，这样，对方会感到你对他的话很重视。

目光接触是人与人之间最能传神的非言语交往。"眉目传情""暗送秋波"等成语，形象地说明了目光在人们的情感交流中的重要作用。在日常交流中，听者应看着对方，表示关注；而讲话者不宜再迎视对方的目光，除非两人的关系已密切到了可直接"以目传情"的地步。讲话者说完最后一句话时，才将目光注视对方的眼睛，这是在表示一种询问："你认为我的话对吗？"或是暗示对方："现在该轮到你讲了。"

五、衣着、体势、微笑与"三A"法则

人的衣着也在传递信息，也在与对方沟通。意大利影星索菲亚·罗兰说："你的衣服往往表明你是哪一类型的人，它代表你的个性，一个与你会面的人往往自觉地根据你的衣着来判断你的为人。衣着本身是不会说话的，但人们常在特定的情境中以某种衣着来表达心中的思想和建议要求。"

达·芬奇曾说过，精神应该通过姿势和四肢的运动来表现。同样，人际交往中一举一动都能体现特定的态度，表达特定的含义。专家认为，身体的放松是一种信息传播行为，向后倾斜15度以上，是极其放松的表现。人的思想感情会从体势中反映出来：略微倾向于对方，表示热情和兴趣；微微起身，表示谦恭有礼；身体后仰，显得若无其事和轻慢；侧转身子，表示嫌恶和轻蔑；背朝对方，表示不屑理睬；拂袖离去，表示拒绝交往。

微笑来自快乐，也创造快乐，在与人交往的过程中，微微一笑，双方都从发自内心的微笑中获得这样的信息："我是你的朋友。"微笑虽然无声，但是它说

出了许多意思：高兴、欢悦、同意、尊敬。所以，请你时时处处把"笑意写在脸上"。

美国学者布吉林教授等人，曾经提出一条在人际交往中成为受欢迎的人的"三A"法则。第一个A（Accept）：接受对方；第二个A（Appreciate）：重视对方；第三个A（Admire）：赞美对方。

六、人际交往中的声调、礼物与时间

有一次，意大利著名悲剧影星罗西应邀参加一个欢迎外宾的宴会。席间，许多客人要求他表演一段悲剧，于是他用意大利语念了一段"台词"，尽管客人听不懂他的台词内容，然而他那动情的声调和表情，凄凉悲怆，不由得使大家流下同情的泪水。可一位意大利人却忍俊不禁，跑出会场大笑不止。原来，这位悲剧明星念的根本不是什么台词，而是宴席上的菜单。

恰当、自然地运用声调，是顺利交往的条件。一般情况下，柔和的声调表示坦率和友善，在激动时自然会有颤抖，表示同情时略为低沉。不管说什么话，阴阳怪气的，就显得冷嘲热讽；用鼻音哼声往往表现傲慢、冷漠、恼怒和鄙视，明显缺乏诚意的，会引起人不快。

礼物的真正价值是不能以金钱衡量的，其价值在于沟通人们之间的友好情意。当你过生日时送你一束鲜花，你会感到很高兴，与其说是花的清香，不如说是鲜花所带来的幸福和友情的温馨使你陶醉，而自己买来的鲜花就不会引起如此愉悦的感受。

在人际交往中，赠送礼物是免不了的，向对方赠送小小的礼物，可增添友谊，有利于巩固彼此的关系。那么送多少钱的东西才适当呢？在大多数场合，不一定是贵重的礼物才会使受礼者高兴。相反，可能因为过于贵重，反而使受礼者觉得过意不去，倒不如送点富于感情的礼物，更会使对方欣然接受。在一些重要的场合，重要人物往往姗姗来迟，等待众人迎接，以此显示身份尊贵。然而，以迟到来显示身份，毕竟不是一种公平的交往，这常会引起对方的不满，从而影响彼此之间的合作与交往。

赴约一定要准时，如果对方约你7时见面，你准时或提前片刻到达，能够体现交往的诚意。如果你8点钟才到，尽管你表示抱歉，也必然会使对方不悦，对方会认为你不尊重他，这无形之中为以后的交往设下障碍。

【课堂活动】 人际交往万花筒

由各小组抽签决定自己的表演题目，选定同学进行表演。
（两两一组表演相同的情境。）
情境一：第一次参加社团活动，与素不相识的同学交谈。
情境二：在校园里看见一个瘦弱的女同学提着行李，赶忙上前帮忙。
情境三：自告奋勇地带一个刚转学过来的新同学在校园参观。

情境四：朋友曾向我借钱，但一直都没有还钱，现在他又来向我借。

情境五：晚上，舍友老打电话，影响了同学的休息。你作为舍长怎么处理？

◆两组比较，你认为哪组处理人际交往的方式更恰当？

◆剧中人有哪些正确的社交技巧？

◆剧中人有哪些不适当的行为表现？如何改正？

◆为了提高人际交往能力，改善人际关系，你该做些什么呢？

知识链接：大学生人际交往

一、大学生人际交往的原则

人际交往能力是一个人成功和发展的重要素质。作为当代大学生，要顺利地完成学业，在品德、知识和能力等方面全面发展，并在以后的事业中有所作为，就必须努力培养自己的交往能力，与周围的人建立良好和谐的人际关系，创造有利于自己发挥才能的人际环境。

（一）平等与尊重原则

在现代社会，人人都追求自我价值的实现，人人都希望享有平等的社会地位，受到他人尊重，所以，平等和尊重是建立良好人际关系的基本前提和条件。在人际交往过程中，无论你的学习成绩多好，相貌多英俊多漂亮，父母的地位多高，家境多好，只有与他人平等相处，尊重对方，才能与其进行正常的往来，建立和谐的人际关系。如果你自以为是、居高临下、盛气凌人、看不起别人，就很容易引起别人的反感，遭到他人的反对而被孤立。

（二）真诚原则

"人心换人心，八两换半斤。"在人际交往中，只有抱着真诚的动机和态度，双方才能互相理解、接纳和信任，在思想和感情上产生共鸣，双方关系才能得到进一步的发展和深化。如果一方虚情假意、言行不一，甚至欺骗对方，就不可能得到对方的信任，交往也就无法顺利进行。

（三）宽容原则

我们所处的社会是多元的，"人上一百，形形色色"，每个人由于出身、经历、文化、观念、习惯和性格不同，会有很大的个性差异。这些差异的存在是很正常的现象，但容易造成人际交往中的误解和矛盾，从而影响人际关系的顺利发展。这就要求大学生们在交往中遵循宽容的原则，正确理解人与人之间的差异，能够换位思考，求同存异，宽容待人，以博大的胸怀去接纳对方，从而消除矛盾和误会，建立正常的人际关系。

（四）谦逊原则

谦逊是一种美德。谦虚好学者，文质彬彬，谦恭有礼，给人以安全感和亲近感，人们总是乐于与之交往；反之，狂妄自大、目中无人者，人们往往避而远之。在人际交往中，大学生应虚怀若谷，谦虚谨慎，戒骄戒躁，虚心向别人学习，亲切待人。

二、大学生人际关系的改善

（一）团队交往重点：明确目标、轻松沟通

在团队里，要进行有效沟通，必须明确目标。对于团队领导来说，目标管理是进行有效沟通的一种解决办法。在目标管理中，团队领导和团队成员讨论目标、计划、对象、问题和解决方案。由于整个团队都着眼于实现目标，这就使沟通有了一个共同的基础，彼此能够更好地了解对方。即便团队领导不能接受下属成员的建议，他也能理解其观点，下属对上司的要求也会有进一步的了解，沟通的结果自然得以改善。如果绩效评估也采用类似办法的话，同样也能改善沟通。

在团队中，身为领导者要善于利用各种机会进行沟通，甚至创造出更多的沟通途径。与成员充分交流并不是一件难事，难的是创造一种让团队成员在需要时可以无话不谈的环境。

（二）个体交往重点：注意回答"3W+1H"

对于个体来说，要进行有效沟通，可以从以下几个方面着手：

一是必须知道说什么（What）。就是要明确沟通的目的，如果目的不明确，就意味着你自己也不知道说什么，自然也不可能让别人明白，自然也就达不到沟通的目的。

二是必须知道什么时候说（When）。就是要掌握好沟通的时间，在沟通对象正大汗淋漓地忙于工作时，你要求他与你商量下次聚会的事情，显然不合时宜。所以，要想很好地达到沟通效果，必须掌握好沟通的时间，把握好沟通的火候。

三是必须知道对谁说（Who）。就是要明确沟通的对象，虽然你说得很好，但你选错了对象，自然也达不到沟通的目的。

四是必须知道怎么说（How）。就是要掌握沟通的方法，你知道应该向谁说、说什么，也知道该什么时候说，但你不知道怎么说，仍然难以达到沟通的效果。沟通是要用对方听得懂的语言，包括文字、语调及肢体语言，而你要学的就是通过对这些沟通语言的观察，来有效地使用它们进行沟通。

以上沟通重点，可以用来检测和培育和谐人际关系，协助进行有效沟通。

 学习目标检测 >>>

1. 什么是人际交往？有什么特点？有哪些类型？
2. 列举人际交往中有哪些技巧。
3. 大学生建立人际交往的原则有哪些？

【拓展阅读】

心酸的父亲

某大学的张贴栏里，突然张贴了用两张 A4 纸写的一封信，引来了许多学生围观。信文如下：

亲爱的儿子：

尽管你伤透了我的心，但你终究是我的儿子，自从你考上大学，成为我们家几代人中出的唯一一个大学生之后，我心里已分不清咱俩谁是谁的儿子了。从扛着行李陪你去大学报到到挂蚊帐、缝被子、买饭票，甚至教你挤牙膏，这一切在你看来是天经地义的，你甚至感觉你这个不争气的老爸给你这位争气的大学生儿子服务，是一件特沾光、特荣耀的事。

的确，你考上大学，你爸妈确实为你骄傲。虽然现今的大学生也不一定能找到工作，但毕竟是你爸妈几十年的梦想。我们那阵，上大学不是凭本事考，要看手上的茧子和出身，这也就是我们以你为荣的原因。

然而，你的骄傲却是不可理喻的。在你读大学的第一学期，我们收到过你的三封信，加起来比一份电报长不了多少，言简意赅，主题鲜明，通篇字迹潦草，只一个"钱"字特别工整清晰。你说你学习很忙，没时间写信，但同院里你高中的女同学，却能收到你洋洋洒洒几十页的信，而且每周一封。每次从收发室门口过，我和你妈看着熟悉的字，却不能认领，那种痛苦是咋样的，你知道吗？

后来，随着你读二年级，这种痛苦煎熬逐渐少了，据你那位高中同学说，是因为你谈恋爱了。其实，她不说我们也知道，从你一封接一封的催款信上我们能感受到言辞之急迫、语调之急切，让人感觉你今后毕业大可以去当个优秀的讨债人。当时，正值你妈下岗，而你爸微薄的工资，显然不够你出入卡拉OK、酒吧、餐厅。在这样的状况下，你不仅没有半句安慰，居然破天荒地来了一封长信，大谈别人的老爸老妈如何大方，你在我和你妈心上戳了重重一刀，还撒了一把盐。

最令我伤心的是，今年暑假，你居然偷改入学收费通知，虚报学费，这之前，我在报纸上已看到这种事情。没想到你也同时看到这则新闻，一时间相见恨晚，及时娴熟地运用这一招来对付生你养你爱你疼你的父母，虽然得知真相后我并没发作，但从开学到今天，两个月里，我一想到这事就痛苦、就失眠。这已经成为一种心病，病根就是你——我亲手抚养大却又倍感陌生的大学生儿子。不知在大学里，你除了增加文化知识和社交阅历之外，还能否长一丁点儿善良的心？

※阅读感受

 推荐影片：《大话王》

影片简介：

弗莱切（Jim Carrey 饰）是个知名的大律师，为获得官司的胜利，他练就一身颠倒是非、扭转黑白的本领，那就是谎话连连。说谎已经成为弗莱切的本能反应，就连面对妻子和 5 岁的儿子麦克斯（Justin Cooper 饰）时都是如此。妻儿也早已习惯了他的作风。

这天，是麦克斯的生日，弗莱切又因事不能来。弗莱切自然又满口谎言编造各种借口。失望的麦克斯许下了他的生日愿望：父亲有一天不能说谎了。神奇的事情发生了！弗莱切真的不能说谎了，他因此洋相迭出：差点输掉官司、得罪上司……陷入空前混乱的弗莱切最终如何面对这一切？

※ 观看感受

主题七

解密爱情，

为爱导航

——大学生恋爱心理辅导

学习目标 > > >

在本堂课结束后,学生将能够:
1. 解释斯滕伯格的爱情成分理论。
2. 归纳大学生恋爱的类型与特点。
3. 分析案例,列举大学生恋爱中常见的问题及困惑。
4. 提高爱的能力,正确处理恋爱关系。

 **情境导入** > > >

两个故事中关于"爱情"的对比

故事一:一天,某高职院校男生宿舍楼下上演了一出痴情女为求男友回心转意跪地不起的桥段,原因是谈恋爱前女生是非处女。下跪时男生连脑袋也没转过来。

故事二:50 年前,重庆市江津中山古镇村民刘国江和比他大 10 岁的寡妇徐朝清相爱,引来闲言碎语,两人私奔到海拔 1 500 米的深山老林里。为了让徐朝清安全出行,刘国江凿出 6 000 多级"爱情天梯"。两位老人的爱情故事曾引起极大关注,被拍成电影搬上银幕。2007 年,刘国江病逝。2011 年,这个感人的爱情故事的女主人公徐朝清老人也不幸去世,享年 87 岁。

记录感受及启示:

【学习目标一】
解释斯滕伯格的爱情成分理论

提问：你理解的爱情是什么？

学生活动：写出 5 条你所认为的爱的实质（如爱是：需要、关怀……）

请更多关注那些直觉的、第一印象的内容，而非理性思考的内容和感受。

知识链接：爱情解读

一、爱情是什么？

正如大众所认可的那样，男女双方培养感情的过程，称为恋爱。处于恋爱状态的男女之间会产生一种强烈的互相倾慕的感情，眼中不会再有他物。夏威夷大学曾文星教授也认为，恋爱是指两个人之间发生的强烈且浓厚的喜爱，是一种情感与人际关系的状态，但通常是一种时间短暂的心理现象。

综上所述，所谓爱情，就是男女双方以一定的社会关系和共同理想为基础，内心生出的最真实的仰慕之情，并强烈渴望对方可以陪伴自己，成为自己的终身伴侣。这是一种最强烈的感情，是两颗心电光火石的激烈碰撞，两颗心互相倾慕向往，并最终达至精神境界。爱情是人类所特有的一种高尚的精神生活。

此外，男女之间的爱情，除了满足人类自身的生理与心理需求之外，还要满足人类特有的社会本能。男女之间的"爱"，必须由"爱慕"牵线，由"恋"来支撑，用"情"来延续。有"恋"做基础，才能生出"爱"。"恋"是什么？"恋"就是与生俱来的依附本能，是发自人性本身的内在需求，即依恋的需求。

爱情是一个古老而又常新的人生课题，在人类历史发展的长河中，文人墨客留下了大量关于爱情的诗篇与著作。《诗经》第一篇写道："关关雎鸠，在河之洲，窈窕淑女，君子好逑。"这是一首关于爱情的诗，是讲一个男子喜欢一个女子，之所以出现这"好逑"，是因为女子"窈窕"。因为这"窈窕"才让男子产生了爱慕，才想和她在一起。

马克思主义的爱情观认为，男女之间建立的情感称为爱情，而这爱情是由社会属性决定的。因此男女之间真挚的爱情，不仅是自然生理的需求与心理的需要，同时也是心灵的契合与志趣的相投。而这些都是以社会历史条件为背景，受社会关系、经济地位和文化背景的影响。

由以上可见，爱情有着丰富的内容，它通常包括四个要素：一是人类本能，这是爱情的生理基础和自然前提；二是感情，这是爱情的中心内容，表现为融为一体的强烈情感；三为理想，这是爱情的社会基础，也是爱情的导向；四是义务，这是爱情的社会要求，表现为自觉自愿遵守道德责任。以上四要素互相联系，缺一不可，否则就不是完整的爱情。

二、爱情的实质

1988年，美国心理学家、耶鲁大学的斯滕伯格教授提出了爱情成分理论。他认为爱情是由三部分组成，即亲密、激情和承诺。

（1）亲密。指两个人之间的亲近感觉以及温馨的体验。简言之，就是心灵上的一种温馨，让人有归属感。亲密是一种真心喜欢对方并且渴望与对方建立一个团体（仅包含两个人），彼此关系和谐，思想行为一致，信任、耐心及容忍达到最高程度的行为。

一对情侣真诚地彼此喜欢，形成他们自己独有的沟通风格、特殊的性格特点，彼此接纳对方的不完美，甚至是特殊性。在恋爱初期，强烈的情感会使他们不分你我，存在的只有浓情蜜意，无论怎样只会一味地关心对方，满足彼此的需求和欲望。

（2）激情。指强烈地渴望与对方合为一体的状态，即一见钟情、怦然心动的感觉。见到对方就会心潮澎湃，内心难以平静；与对方相处是一种兴奋的体验。这种强烈的爆发式的情感体验表现在行动上，可能会出现狂欢、暴怒、痛哭，等等。

由于爱情的强大吸引力，彼此产生强烈的，甚至是着迷的想法，许多人形影不离，全身心地不计后果地投入，这种偏激的行为有时会导致难以预料的后果。"牡丹花下死"就是经典的激情行为体现。

（3）承诺。承诺是双方的，包括长期和短期两种。短期主要指做出爱或者不爱的决断。长期是指做出维护彼此关系的承诺，包括对于爱情的忠诚和责任心。正如结婚誓词中的"我愿意"。这句"我愿意"包含了一生的患难与共、至死不渝的承诺。但两种承诺并不一定同时具备，例如，可能决定爱一个人，却不一定承担责任或给对方承诺；或者决定一生爱一个人，却不一定非要说出口。

在爱情的关系中，两个人生活在稳定、持续、互信的情感氛围中，彼此尊重对方的隐私，让对方进入自己的社会交际圈子，在承诺的范围内履行自己的诺言，不利用对方的弱点，日常生活中有了摩擦和问题协商解决。

总而言之，亲密是指伴侣之间心意相通，思想认识一致，且互相归属于对方，这属于爱情的情感成分。激情是指强烈地想与伴侣结合的渴望，是促使外在关系产生浪漫和引力的动机，也就是与性相关的动机驱力，这属于爱情的动机成分。承诺包含两部分，短期部分是指个体决定爱一个人，长期部分是指对情侣二人的亲密关系做长时间的承诺或永久的承诺，这属于爱情的认知成分。依据斯滕伯格的理论，三角越多，爱情就越丰富。爱情三因素理论认为，男女之间的爱情模式因人而异，不同情侣之间的亲密程度和热烈程度不同，但这些表现基本是由三因素彼此不等量的配合演化出来的。随着情侣之间熟悉程度不断加深，上述三种成分也会发生变化，爱情的三角也会随着组成成分的变化而变化，其形状和大小也会发生相应的变化。如图7-1所示。

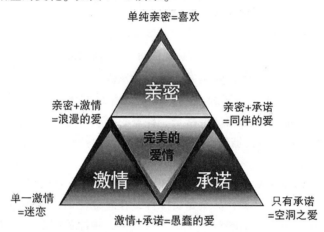

图7-1 斯滕伯格爱情三角理论

激情、亲密和承诺三大元素组成七种不同类型的爱情：

第一种是喜欢式爱情。

只有亲密，没有激情和承诺，如友谊。很明显，友谊并不是爱情，喜欢不等于爱。不过友谊还是有可能发展成爱情的，尽管有人因为恋爱不成连友谊都丢了。

第二种是迷恋式爱情。

只有激情，没有亲密和承诺，如初恋。第一次的恋爱总是充满了激情，却少了成熟和稳重，是一种受到本能牵引和导向的青涩活动。我们都有这样的经历：剧烈的心跳、双手发抖。这也许是因为恐惧、焦虑或喜悦。从生理学来看它们都是类似的情绪体验。当我们处在愉快的环境氛围中，我们将这种"生理唤醒"体验为喜悦；而当我们处于充满危险与敌意的环境中，我们将这种生理唤醒体验为恐惧或愤怒；而假如我们正处在一个浪漫的情景中时，那么我们把这种体验叫作"激情之爱"。

第三种是空洞式爱情。

只有承诺，缺乏亲密和激情，如纯粹为了结婚的爱情。此类"爱情"看上去丰满，却缺少必要的内容，金玉其外，败絮其中。

第四种是浪漫式爱情。

只有激情和亲密，没有承诺，这种"爱情"崇尚过程，不在乎结果。

第五种是伴侣式爱情。

拥有亲密和承诺，没有激情。伴侣之爱与激情之爱的狂热不同，它更加深沉和平和，是一种稳定的情感依恋。最初的爱情之焰会慢慢冷却，并一直保持那种状态——温馨而又相互依赖。

第六种是愚蠢式爱情。

只有激情和承诺，没有亲密。没有亲密的激情顶多是生理上的冲动，而没有亲密的承诺不过是空头支票。

第七种是完美式爱情。

包含激情、承诺和亲密。只有在这一类型中，我们才能看到爱情的庐山真面目。

斯滕伯格在这些爱情前面都加了一个"式"字，因为在他看来，前面列举的六种都只是类爱情或非爱情，在本质上并不是爱情，只有第七种才是爱情，而我们在现实生活中碰到的类爱情和非爱情的情形实在太多，以致把具备三要素的爱情基本当作是一种超现实的理想状态。

激情、亲密和承诺共同构成了爱情，缺少其中任何一个要素都不能称为爱情，正如三点确立一个平面，缺少任何一个点，这个唯一的平面就不存在。斯滕伯格之所以把具备三个基本要素的爱情称为完美式爱情，是因为建立稳定、持续的爱情需要恋爱双方耗尽毕生精力去培育、呵护，那是一项贯穿人生的浩大工程。

虽然如此，芸芸众生并不是等具备了这三要素以后才开始谈恋爱。理想是一回事，现实又是另一回事。因为在这三个要素里面，除了激情之外，亲密和承诺的实现需要一段时间才能转化为现实，不是一蹴而就的事情。即使是激情，要维护也不是一件容易的事，但人们常常忽视了这一点。

或许，我们与爱情还有一段永远无法克服的距离，爱情对我们来说就是一个不断迫近的目标和不断改变的体验。这可能有点残酷，但如果事实如此，我们是否还有勇气去爱和被爱？不管怎样，我们仍然要仰望爱的星空，在爱的路上，风雨兼程。

测试：斯滕伯格爱情三角量表

测试时间：10分钟。

测试内容：下面共有45句描述，用1～9来表示你对每一句描述的赞同程度，1表示"完全不同意"，5表示"一般"，9表示"完全同意"。

(一) 测试题

亲密成分：

1. 我很支持爱人的幸福。
2. 我和爱人之间关系很好。
3. 在我需要时，我很信赖爱人。
4. 爱人也能在需要时信赖我。
5. 我愿意和爱人分享我自己以及我拥有的东西。
6. 我从爱人那里得到许多情感支持。
7. 我给爱人许多情感支持。
8. 我和爱人沟通良好。
9. 在我的生活中，我非常看重爱人。
10. 我感觉与爱人亲近。
11. 我和爱人之间的关系让我感觉舒服。
12. 我感觉我真正理解爱人。
13. 我感觉爱人真正理解我。
14. 我感觉我能真正信任爱人。
15. 我可以向爱人分享我自己内心深处的个人想法。

激情成分：

16. 只要见到爱人就会让我兴奋。
17. 我发觉一整天我都会频繁地想到爱人。
18. 我和爱人的关系非常浪漫。
19. 我发现爱人非常具有个人魅力。
20. 我认为爱人很理想。
21. 我无法想象另一个人可能会带给我爱人给我的那种快乐。
22. 和其他人相比，我更愿意和爱人待在一起。
23. 没有什么比我和爱人之间的关系更重要了。
24. 我特别喜欢和爱人保持身体接触。
25. 在我和爱人的关系中存在一种有"魔力"的东西。
26. 我崇拜爱人。
27. 我不能想象我的生活中如果没有爱人的状况。
28. 我和爱人的关系充满激情。
29. 当我看到爱情题材的电影和书时我都会想到爱人。
30. 我对爱人充满了激情。

承诺成分：

31. 我知道我关心我的爱人。
32. 我保证我会和我的爱人保持关系。
33. 因为我已经对爱人做出了承诺，我不会让其他人干扰我们的关系。

34. 我相信我和爱人的关系是稳定的。
35. 我不会让任何事情干扰我对爱人的承诺。
36. 我期望我对爱人的爱一直到永远。
37. 我会常常感觉对爱人有强烈的责任感。
38. 我认为我对爱人的承诺不会变化。
39. 我无法想象我与爱人关系结束的情景。
40. 我能确定我对爱人的爱。
41. 我认为我和爱人的关系会长久。
42. 我认为我和爱人的关系是我做出的一个好决定。
43. 我感觉对爱人有一种责任感。
44. 我打算继续和爱人保持关系。
45. 即使当与爱人很难相处时，我也会维持我们的关系承诺。

(二) 计分方法

首先，把你每个成分（亲密、激情、承诺）内的每道题的分数加起来，再将每部分的得分除以15。此时，每个分量表都会得到一个平均分。可以通过三个分量表的得分比来衡量自己在爱情三个方面的权重。这个权重会随着时间和事件的发展而不断变化。

三、爱情发展的四个阶段

一个成熟的、真正的爱情必须经过四个阶段，那就是：共存、反依赖、独立、共生。阶段之间转换所需的时间不一定，因人而异。

第一个阶段：共存，味道：甜

这是热恋时期，情人不论何时何地总希望能腻在一起，享受他们的甜蜜。在热恋期的情侣是那么美好，再苦再累也会感觉很甜蜜，而不会在乎一切，即使连续几天冒着大太阳东跑西窜，跑遍整座山，走遍海岸线，逛完所有公园，逛遍街市……回到宿舍是那么累，脚都肿了，全身感到疲乏，可是都会隐藏在心里，回味的不是苦而是甜蜜，躺在床上，也会露出笑容，甜蜜的笑容。这个时期你们之间充满了爱意，充满了甜言蜜语，拥抱都是那么紧，抱着就不愿意放开……很难得，一生只有一次，不管男女，都只有一次，如果体会到了那种甜蜜，以后即使重找对象也不会超过那种以前的甜蜜。

这个时期的主宰：男方。你要想尽一切办法给女方浪漫。

第二个阶段：反依赖，味道：酸

等到情感稳定后，至少会有一方想要有多一点自己的时间做自己想做的事，或者不想再出去腻到一块，不想再出去逛街，不想再体会到疲倦的那种感觉，这时另一方就会感到被冷落。他/她心里会感到很酸。那种酸酸的感觉很不好受，所以这个时期也叫敏感时期。男孩心里感觉总像空空的，心一直都绷得紧紧的，时时刻刻都想着心里的她，总想向女友报告他的一切行踪，哪怕上厕所也想让女友知道似的，一旦女孩对他爱理不理，或者是无意，或者对他的行踪不感兴趣，或者不喜欢向男友报告自己行踪,他就会有种很强烈的失恋的感觉。女孩吃醋经常发生在这个时期,女孩比男孩更感性,加上天生的敏感,会对男友产生各种怀疑,其中主要是怀疑对她的爱是否没变,是否真的爱她。世界顶尖心理学家巴特利特调查显示,绝大部分女方对男方的怀疑都是由于女性的过度感性与敏感造成的,是凭空想象的,这也经常让男方感觉很无奈,所以他们会经常因为一点小事儿而吵架。笔者提醒,小吵可以增强感情,但是大吵会很伤感情的,在敏感期的女孩一定要注意,不要过度怀疑你的男朋友,那样会让他受不了,他会感觉很累,他一般由于无奈经常会采取冷战的方法去耗着,但是,冷战是最伤感情的。一旦到了他的承受极限,他甚至会提出分手。这个时期的女孩对男方多了一分怀疑,多了一分误解;男孩对女方多了一分无奈,多了一分陌生,都是源于误会。

这个时期的主宰:女方。你要控制自己的感性,相信男朋友,对男友多一分理解。只有信任才能给爱情加分。否则,他会放手……

第三个阶段:独立,味道:咸

这是第二个阶段的延续,要求更多独立自主的时间。真爱的考验往往出现在这个时期,一般来说,男女会存在空间的距离,他们会去审视自己的感情和另外一半,这是结婚前的必要的考验。男方和女方都在为未来做打算,他们坚信会走到一起,所以,会为了以后的幸福去拼搏、去奋斗,他们的爱情都上升了一个层次,由表面的甜蜜引申到了内心的恩爱,对对方比以前多了一分理解和深层次的爱。这个时候,他们会特别想在一起,特别想念对方,似乎回到了热恋时期,其实完全不一样,这是终成眷属前的最后一步,男人会多了一份事业感、一份责任心,他不想让女友跟着她吃苦,所以,他会很卖命地去工作,想尽一切办法在物质上满足女友。男孩事业心最强的时期,也许会让女孩有点被冷落的感觉,难免会有一点摩擦,这个时期同样需要女孩更多地去理解自己的男友,因为他是为了你们未来的家。不过大部分在这个时期的小吵架都会给爱情加分,一旦吵架了,不管误会与否,他们都想着去解释,都怕被对方误解。冷战时代一去不复返,都会以谈心的方式解决一切问题。咸,是百味之首,是一切调味不可缺少的部分,它为有结果的爱情做好了铺垫。但是,太咸会很伤人,这个度很难控制,这个时期依然残存着女孩的过度敏感和怀疑,男生的无奈。

这个时期的主宰:女主男从。

第四个阶段:共生,味道:没有味道胜似味道

终成眷属,走入婚姻的殿堂……这时新的相处之道已经成形,你的他(她)已经成为你最亲的人。你们在一起相互扶持、一起开创属于自己的人生。你们在一起不会互相牵绊,而会共同成长。但是,大部分人都通不过第二或第三阶段,而选择分手,这是非常可惜的。很多事只要好好沟通都会没事的,不要耍个性,不要想太多,要互相信任,这样第二、三阶段的时间就会缩短。所爱的人相遇相恋是非常不容易的,不要轻言放弃。恋爱都要经历一定的过程,也许在这个过程中会有伤心、委屈、不理解,但只要我们怀着积极的心态,带着正确的价值观,就能找到适合自己的爱人,"执子之手,与子偕老"。

【学习目标二】
归纳大学生恋爱的类型与特点

学生活动:
1. 构想下面故事的结局。
2. 各小组派学生代表分享编写的故事结局。

贾小宝从西部一个偏远的地方考到北京上大学,刚开始时很新鲜,但过一段时间后感到城里学生懂的好多东西自己都不懂,跟别人有点格格不入,于是感到孤单寂寞。这时正好遇到了同级同学张咪咪(城里人),贾觉得张很活泼可爱,张觉得贾很深沉,于是两人谈起恋爱……

小组讨论:大学生恋爱的类型与特点有哪些?

头脑风暴,按小组顺序依次交流,并补充笔记。

知识链接:当代大学生恋爱的类型与特点

一、大学生恋爱的类型

在大学校园里,大学生谈恋爱是一个很普遍的现象。大学生们年龄相近,大部分又都住校,彼此了解更多,日久生情也是很自然的一件事情。这种情感确实与社会上的一些恋爱不同,它是在特定的时间、特定的阶段,彼此在一起学习时产生的。这种情感很单纯,几乎不带功利色彩。恋爱中的大学生不在乎对方挣多少钱,不在乎对方有没有房子,不在乎对方的家庭状况如何。但是,大学生恋爱又普遍没有结果,这是大学生爱情的一个特点。

恋爱是一门高深的人生艺术。渴望恋爱是一回事,会不会谈则是另外一回事。许多人疯狂地投入,惨败退出,有的成功,有的失败,有的因恋爱引发犯罪甚至轻生。当代大学生恋爱因恋爱动机不同而显现出多样化的类型。

(一)比翼双飞型

这类学生基本上具备成熟的人格,有正确的恋爱观,能够以理性引导爱情,正确处理恋爱与学习、感情与爱情、情爱与性爱的关系。恋爱双方都有较强的进取心和自控能力,有共同的理想抱负、价值观念,把学业的成功作为爱情持久的目标,不仅仅把恋爱看成人生的快乐之事,而且能把幸福的爱情转化为学习的动力。他们认为,恋爱不仅应该促使双方进步,而且应该促进双方成长。

(二)生活实惠型

进入大学后,毕业去向是大学生们最为关注的问题。对于恋爱中的大学生来说,对方的家庭条件和发展前途也是必须关注的。一些大学生彼此间的爱慕与向往也许并不强烈,但是有确定的生活目标。大三是这类学生谈恋爱的高潮期。他们认为这时处朋友、谈恋爱,相互了解,信任度高。这种爱情是理智的、现实的,确定恋爱关系引起的争议也比较少。

(三)时尚攀比型

在一些高校,恋爱成为一种时尚。当周围的许多同学有了异性朋友时,一些男同学为了不使自己显得无能,一些女同学为了证明自己的魅力,也学别人的样子匆匆谈起了"恋爱"。由于目的性不强,缺乏认真的态度,他们常常是跟着感觉走,把谈恋爱看成一种精神上的补偿,最终以"因为没想那么多"为借口而各奔东西。这种恋爱带有很大的随意性。

(四)玩伴消费型

这类学生在精神上不太充实,同性朋友较少,时常感到孤独、烦闷,尤其是周末,当寝室的同学成双成对地走出校园,而自己一人在寝室时,会有一种空虚的感觉。为了弥补精神上的空虚,急欲与异性朋友交往,这时"恋爱"成为一种临时性的精神需求。据报道,有一所大学的一个班的女生在大二时都有了"相恋对象",用她们自己的话说就是,"我其实不是真的在谈恋爱,只是生活太乏味了,又没有知己,想找个伴儿畅快畅快"。

(五)追求浪漫型

这类学生情感比较丰富,罗曼蒂克式的爱情对他们有着强烈的吸引力。他们并非不尊重爱情,只是觉得出没于花前月下的刺激比爱情的责任和义务更富有色彩和韵味。与这种色彩和韵味相比,人物自身的品质被淡化了。他们在追求和接受爱情时,对爱情的缠绵悱恻有较深的体验并乐在其中,时常沉浸在二人世界里,忘却了集体,甚至忘却了学业。

(六)功利世俗型

这类学生以对方的家产、地位、名誉、处所、社交能力等为恋爱的前提条件，功利心很强。

二、大学生恋爱的特点

（一）爱情至上

有些同学把爱情放在第一位，把爱和被爱视为人生的极点，认为"没有爱情，活着就没啥意思"，整天沉溺于卿卿我我之中，对周围的一切都漠然处之。在恋爱过程中往往产生很多的消极影响，有的分散精力、浪费时间、成绩下降，有的只在意二人世界，脱离集体，影响了正常的同学交往。一旦失恋则悲观厌世、精神萎靡，认为生活没有了意义，学习没有了动力。

（二）相互炫耀

有些大学生在择偶的时候非常注重对方的外表。认为外表美是天生的，不可改变的，内在美是看不到摸不着的，是没有用处的。相貌好，有一副美丽的外表，才能在朋友中炫耀，和对方在一起的时候才会觉得自己脸上有光彩。这种虚荣心导致对恋爱观理解的扭曲，互相炫耀，盲目追求外表。

（三）注意恋爱过程，轻视恋爱结果

现代大学生流传着一句顺口溜，"不求天长地久，只求曾经拥有"。一些大学生把恋爱当作一种感情体验，及时行乐，寻求刺激。一些大学生为了充实课余生活，排遣寂寞，填补空虚，把恋爱当作一种消遣。这种行为实质上只强调爱的权利，而否认了爱的责任。

（四）主观事业第一，客观爱情至上

有相当一部分学生把爱情放在首位，一旦坠入情网就不能自拔，各方面都将受到严重影响。很多学生在不知不觉中变得"儿女情长，英雄气短"，成就事业的热情一天天冷却，爱情逐渐成为生活的唯一追求，这样也许就影响到就业，严重点则直接影响了大好前途。

（五）恋爱观念开放，传统道德淡化

随着时代发展，当今大学生恋爱观念日益开放，传统道德逐渐淡化。以前的大学生，谈恋爱大多追求的是志同道合的伴侣，他们能把自己的感情控制在社会道德所允许的范围内，很少有越轨行为。而现在的大学生对性行为抱不严肃的态度，认为这是"个人自由"，可以不受干涉，随心所欲。

（六）爱情承受能力较弱

部分学生摆脱不了"感情危机"，有的失去信心，放弃对爱情的追求，立下誓言"横眉冷对秋波，俯首甘为光棍"，因失恋而失志、失德者，虽属少数，但影响很大。

【学习目标三】
分析案例,列举大学生恋爱中常见的问题及困惑

小组讨论:下列案例中存在哪些大学生恋爱中的常见问题及困惑?

案例一:

一名男生为了追求一名女生,在女生生日那天,召集老乡一起在女生宿舍外面用蜡烛摆了一个心形。男生把生日蛋糕摆在心形中间,在围观的众人面前向女生表白。女生倍受感动,在老乡的起哄声中答应跟这名男生交往,但是交往时间不长,两个人就分手了。

案例二:

丽丽是某高职院校一年级学生,她同一寝室共有6名女生,其中4人先后有了男朋友。看到姐妹们每天出双入对,她非常羡慕。有时寝室只有她孤独一人,越发觉得无聊。此时正好有一名高年级男生说喜欢她,丽丽觉得自己的条件也不比同寝室的姐妹差,正好自己也很孤单,就答应了这名男生。从此两人也每天形影不离,像校园里其他情侣一样,男生每天都把她照顾得无微不至。

孤独的问题解决了,可是丽丽总觉得哪里不对劲,不清楚自己与男生之间究竟是不是爱情,不知道该怎么办。

案例三:

某大学生性格内向,不愿表白,暗恋上一位女同学,每天都定时坐在校园内的花坛旁,手拿着书却无心看,因为他知道这个女同学每天从这里经过去食堂吃饭,每当这个女同学从他身边经过,看到她飘柔的长发就非常欣喜,然后心理编

织出同该女同学恋爱的梦,在花坛一坐2年多。

案例四:

李军和吴雨同班,刚开始,李军喜欢班上另一个女生,可是后来李军和那女生并没有成功。到了大二,两人接触渐渐多了点,互相也有好感,于是就谈起了恋爱。本来一切都是这么顺利发展着,他们每天一起吃饭,一起散步,一起看书,还拥有着他们的梦想……

这时另一个男人出现了,他是吴雨在认识李军之前就认识的,因为各方面条件的限制,吴雨从没想过和他会有可能。他为她心痛,他没想到吴雨这么快就有了男朋友。吴雨也心痛,那些天吴雨一直处于矛盾纠结之中,她不知道她的心里到底是爱谁,对两个男人都有感情,谁也放不下。她把这事告诉了李军,她第一次感觉到李军是这么爱她,他哭了,哭得那么伤心……可是那个男人呢,他在远方,他的难受她看不到,她不知所措了,最后经历两次选择,她果断地选择了那个远方的男人。这样的打击使李军受不了,他一直苦苦哀求她能回到他身边,李军因为冲动、不成熟,做出了一些过激的事,他恨吴雨,说了好多狠话。

案例五:

2010年2月20日,昆明理工大学学生薛某因和女朋友(西南林学院陶丽)出现恋爱纠纷,两人约定最后解决问题,但是在交流中发生激烈争吵,薛某用尖刀疯狂朝着陶丽及陪她前往的妹妹陶芳捅去,造成陶丽因失血过多死亡、陶芳重伤。薛某跑回宿舍整理完物品后,跳楼自杀身亡。

案例六:

某著名大学一名优秀的女硕士李某,在本科期间,与同在某一小城市读大学的张某确立了恋爱关系,在研究生考试中,恋人张某失利,而李某以专业第一的优异成绩考入某名牌大学深造。张某决定孤注一掷,辞职来到北京考研。随着阅历的增加,李某感到与张某已缘分不再,却又羞于开口,自觉对不起张某。张某第二次考研又以失败告终。为鼓励张某继续奋斗,两人又继续交往,当张某第三次考研在即时,李某认为应当终止恋爱关系,拖延并无好处。经历了两次考研失利打击的张某,无论如何也不能再承受失恋的打击,所以当李某提出终止恋爱关系时,张某选择了杀死李某再自杀的极端行为。

知识链接:大学生恋爱中的常见问题及困惑

爱情是两个人之间最微妙的感情,往往会伴随着各种各样的矛盾和冲突。这些矛盾和冲突的解决有利于人格的健全和心理的成熟。由此可见,了解和妥善处理各种矛盾和冲突非常重要。

一、爱情与友谊

在现实生活中,有不少大学生搞不清楚友谊与爱情的区别,常有同学问:那个男生为什么总是帮我占座位、跑腿,一天到晚围着我转?为什么那个学生会的女生总是对我特别关心？在与异性相处的过程中，对方的一个眼神、一个细微的动作都会被赋予特别的意义，难道这些都是爱情吗？

要想破解这些常见问题，让我们一起来学习下面的内容。

友谊，是指朋友间的交情。所谓"志同道合"才是友也。具有相同的认识、兴趣、爱好、性格特点的人，在相处的过程中，彼此看到对方身上有与自己相近或者相似的地方，从而在内心产生好感，想与之接近，同时在此过程中获得心灵与精神上的愉悦，这就是友谊。此过程可长也可短，可以是两个人，也可以是多个人。友谊结束，不会对人心理造成伤害。

友谊不同于爱情，那么它们的区别究竟是什么呢？

（1）对象的数目不同。爱情的显著特点是排他性。在爱情的世界里，只有男女双方，不允许出现第三方。爱情中的两个人均会不同程度地出现排斥，甚至是抗拒其他同性对自己爱慕对象亲近的心理倾向。此时可能会出现的行为有嫉妒、诋毁、诽谤、伤害等。而当两者之间只存在友谊时，任何一方都不会因为对方有另外交流或交往的同性或异性对象而烦恼。友谊的圈子是开放的，每个成员都处于平等且互不约束的相同地位，可自由加入或者退出。

（2）情感体验不同。爱情是一种激烈、深刻、冲动的强烈情感体验。所谓"刻骨铭心"，就是爱情情感体验的写照。古人描写"一日不见如隔三秋，三日不见如隔世"，生动形象地刻画出了热恋之中男女双方的情感强度。与此相对应的是具有平和、深沉情感体验的友谊。即使再要好的朋友，在情感的强度上也难达到爱情的程度。一对好朋友几日不见，一般也不会出现难以自制的感觉。大学生可以从情感冲动的不同程度和表现形式不同来辨别所遇到的爱情或者友谊。

（3）爱情具有直觉性。所谓"直觉性"，即人们常说的"一见钟情"。当两人相遇时，在双方的内心往往会产生让人难以捉摸的直觉性，而正是这个直觉性，让彼此内心清楚地意识到能否产生爱情。友谊通常是以双方兴趣爱好、性格特点为基本出发点，本着志趣相投、互惠互利的原则，在情感上产生的一种共鸣。友谊一般不存在直觉性。

（4）外在表现形式不同。爱情是隐蔽的、私密的行为。恋爱的双方需要独处的空间和时间，不想表现给大众。即使是在集体活动中，也可以建立只有两个人才懂的交流方式，其他成员也会在两者的别样交流（行为）中觉察到他们的特殊关系。友谊则是一种公开的、没有任何回避的行为表现。在任何场合与活动中都可以淋漓尽致地表现，不会拘泥，不怕被大众观看。

大家可以根据以上4点，来判断区分自己与异性同学之间的感情是友谊，还是超越了友谊，迈入了爱情阶段。

二、单恋（单相思）

（一）什么是单恋

单恋也就是单相思，指一方对另一方以一厢情愿的倾慕与热爱为特点的畸形爱情。

单恋是进入爱情的准备阶段，但是也很有可能完全停留在这样的状态之中而无法得到必要的发展。单恋是一件让人痛苦同时又让人欣喜的事情，因为一厢情愿地付出而没有收获时常会让人烦恼，而得到回应的时候则往往给人带来异常有效的动力。

单恋是大多数人都经历过的一种心理状态。单恋算不得病，但过分的单恋会导致严重的心理失调。

单恋较多地出现在性格内向、敏感、富于幻想、自卑感强的人身上。单恋者喜欢沉迷于幻想之中，较少采取切实有效的行动。他们的幻想中往往有夸大对方、贬低自我的倾向，这是不良的思维方式。

单恋时对某一个人投入了太多的关爱，这种爱欲的累积会导致心理的不平衡。当你越是把爱欲投注于一个人的时候，这个人的光环就越灿烂，甚至连缺点也成了魅力所在。如果把这种爱欲分流、外化，那么单恋者就能渐渐从单恋的"泥沼"中走出来。

（二）如何摆脱单恋的困扰

如果你已被单恋折磨得痛苦万分，最简捷的选择是，将心事告诉你的密友。你会发现，你的朋友会帮你出谋划策，甚至告诉你他（她）的单恋故事。这样，你会感到自己在单恋路上并不寂寞。不管你朋友的谋划对你的"爱情"有没有帮助，能倾吐一下心中所淤积的爱意，把自己的焦虑和忧愁与你的朋友分担，你也会感到轻松的。朋友的劝导、安慰会在你的内心自然地构建起一个新的兴奋点，你的感情也会向这新的兴奋点分流。单恋的人应多参加感兴趣的运动项目。运动能够消耗部分淤积于内心的负能量，从而使人意气风发、情绪高昂、获得自信。

如果你处在恋爱的年龄，向意中人明白地表达爱慕之情是摆脱单恋的直接方式。一般来说，单恋者的意中人多是出类拔萃者，所以可以推想他们大多很理智。当你向意中人直接表达爱慕之情后，有可能会出现几种结果：接受、劝慰、拒绝、漠视。

如果他（她）接受你的爱当然是最好的。如果他（她）找出种种理由劝你放弃对他（她）的爱，你就知道你们没有缘分，但交个普通朋友他（她）是不会拒绝的。这样，你单恋的苦恼也可解除不少。如果他（她）拒绝了你，你可以大哭一场或大怒一场，这对你来说也是人生必经的磨炼和情感体验。虽然痛苦，但你很快会发现这也并非世界末日，吸引你的事情还会不断地出现。如果他（她）漠视你、不理睬你，你应该对自己说："他（她）根本不懂得爱。一个优秀的人怎么可以如此轻视别人的爱慕呢？"你可以尝试用批评的眼光去审视你的单恋对象，你会发现这也是一种非常有趣而且有用的体验。

一个人一旦陷入单恋，其行为不再受理性思维的支配，而是受制于潜意识中的幻想。单恋者往往将这种幻想与现实相混淆，这便是问题的症结所在。现在你必须静下心来分析一下自己。你可能会这样想：

（1）他（她）太完美了，他（她）的一举一动都很有吸引力（我太丑陋了，我的一举一动根本吸引不了他（她））。

（2）如果能和他（她）结婚，我便是这世上最幸福的人（如果办不到，我便是这世上最痛苦的人）。

（3）为了他（她），我愿意赴汤蹈火（我愿做他（她）的奴隶）。

你可以发现，在前一句话的背后还有一层隐含意思，那就是括号里的话。你常给自己念第一句话，并不知蕴藏在心底的第二句话，而第二句话恰恰说明你严重地缺乏自信。现在你要做的是，把第二句话从暗处提到明处，并且做积极正向的思考。这是你恢复理智与自信的关键。你应该这样想：

（1）他（她）很优秀，对我具有魔法般的吸引力，但我也不错，我要努力赶上他（她）；

（2）如果我能和他（她）结婚，我可能是十分幸运的人。如果办不到，我也有可能找到比他（她）更好的人；

（3）为了他（她），我愿意尽己所能，但我没必要为他（她）忍受过多的折磨。我是一个独立的人，我不能失去自尊。

如果坚持以这一种方式进行思维，你便会恢复理智。

（三）形成单恋的原因是什么

每个人形成单恋的原因都不一样，归纳起来主要有以下几点：

（1）自卑。单恋的大学生往往在心里把自己暗恋的人过分美化，在相遇或相处时，为对方的容貌、才华、品质所吸引，从而形成对对方的爱慕。单恋者由于美化对方，相比之下总觉得自己配不上对方，因此，虽然很想和对方再熟悉一些，关系再亲密一些，但却不敢接近所暗恋的人，而是以丰富的想象力，在幻想中得到异性的爱。

（2）信念误区。单恋的人认为，爱仅仅是投入，不要承诺，也不要回报，不顾一切的"精神恋爱"才是最伟大的恋爱。

（3）心理防卫。有的单恋者由于自己的认知偏差，不能正确对待被拒绝的事实，为了"自尊"，自我强迫，坚持求爱到底。在现实生活中，经常有大学生在反复遭到对方拒绝后，仍不死心，依然死缠烂打，给对方造成心理负担和压力。

三、多角恋

多角恋是一个人同时被两个或两个以上的异性所追求或自己同时追求两个或两个以上的异性并建立恋爱关系。多角恋是爱情纠纷的主要原因，实质上是比单恋更为复杂、更为严重的异常现象。由于恋爱具有排他性、冲动性，因此任何一种多角恋都潜伏着极大的危险，一方一旦失去理智，就会给对方及社会带来恶果。

(一) 多角恋产生的原因

(1) 择偶标准不明确。有些大学生由于个性不成熟,生活经验不足,择偶前没有一个较为明确的标准,不知如何从与自己关系密切的异性中选出一位更适合自己的,因此只好颇费心思地多方应付,多头追逐,从而出现了多角恋。

(2) 择偶动机不良。有的人一开始和异性交往就出现了动机冲突,一会儿认为张三英俊潇洒,一会儿又觉得李四深沉稳重;今天认为王某开朗可爱,明天又觉得赵某妩媚艳丽。每个人的长处都想兼得,于是,为了满足不同的欲望,只好在不同的角色中周旋以寻求快乐,有的甚至发展到了玩弄异性的程度。

(3) 虚荣心强。有的人以为追求者越多,身份就越高,若退出竞争,就是承认失败,承认自己比别人差,这是大学生中产生自私自利、对别人和自己感情不负责任的多角恋的主要原因。

(4) 盲目崇拜。明知对方已有对象,但由于盲目崇拜,加上嫉妒好强、固执任性,仍追求对方,从而导致冲动性、竞争性的多角恋。

(二) 多角恋的调适方法

(1) 若你已经与一个异性确定了恋爱关系,生活中又闯入了另一个异性时,如果你对前者只是好奇、冲动,且相爱时间不长,感情较浅,精神相容性较差,而后者对你更具吸引力,那么你不妨先疏远前者,再明确中断与前者的恋爱关系,待对方心理恢复正常、有一定的心理承受力时,再与后者热恋。反之,如果你与前者感情尚可,且相爱时间较长,只是对其某些次要方面不满意,你就应该用爱情的力量鼓舞和帮助对方不断改进,从而缩小对方与你心目中理想伴侣的差距,并使彼此达到人格、能力、志趣等方面的和谐。

(2) 当你同异性并未建立恋爱关系,却与许多异性保持着等距、不同寻常的关系,且正处于进退维谷、取舍两难的境地时,你可以将生理条件、心理品质、社会条件等方面进行比较,尽快选择一位最合适的异性作为恋爱对象。

(3) 谨慎对待情场竞争的成功与失败。当你凭借自己的实力取得爱情时,尽量不要做刺激失败者、激化矛盾的事情,否则可能导致爱情的毁灭。当你判定自己处于"劣势"时,应有情场"勇退"的精神,并学会正确地自我评价。这是明智之举,并不是无能的表现。

四、失恋

失恋是恋爱过程的中断,即恋爱挫折。失恋是爱情的悲剧,对于失恋者来说,这是一杯难以下咽的苦酒。大多数失恋者都能理智地看待并接受这一现实,但是,也有一些人把失恋看得太重,因而出现了心理变态。失恋者是痛苦的,需要从外界得到帮助,但更重要的是,要提高自己的心理承受力,学会自我调节,从而达到新的心理平衡。那么如何摆脱失恋的痛苦呢?一般来说,可以采用如下几个方法:

(一) 逆向思考

恋爱取得成功,除了具备社会公认的品质、观念以外,还须达到许多特殊的心理要求。比如，双方性格互补、志趣相投、价值观一致等。如果你因为这些方面与恋爱对象发生矛盾，使恋爱不能进行下去，倒也不必过于痛苦，不妨反过来思考一下，如果勉强凑合下去，造成以后感情不和，爱情又有什么幸福可言？失恋固然不是幸事，然而双方如果达不到志同道合、个性契合，及早分手也并非坏事，"塞翁失马，焉知非福"。

（二）合理宣泄

失恋造成的情感压抑是十分严重的，如果不及时宣泄，会出现各种不适应症状。比较有效的宣泄方法有以下几种：

（1）向亲密的朋友或家人倾诉内心的苦闷和悲伤。

（2）可以闭门痛哭一场。

（3）寄情于山水之间，向大自然宣泄自己压抑的情绪。失恋后可以与朋友一起外出远游一次，体验大自然之奇丽与伟大、人生之愉悦与美好，此时你会觉得自己失恋的痛苦不算什么，你的心胸会变开阔，郁闷的心情也会有所缓解。

（4）升华是宣泄失恋后压抑情绪的最理想方式。失恋者应运用理智，把感情、精力投入能充分实现自身价值的事业中和对生活的热爱上，从而获得更大更多的收益。

（三）丢弃自卑

失恋并非羞耻之事，但有些失恋者却认为失恋是令人耻辱的，是被对方"涮"了、"玩"了，并感到脸上无光，无地自容，产生了强烈的自卑感，甚至因此离群索居。其实，任何事情的发展都面临着两种前途，恋爱也是一样的。恋爱一次成功固然可喜，但这毕竟只是可能性，而不是必然性，所以谈恋爱就要有谈不成的心理准备，失恋也是在情理之中的。有思想、有志气的青年不应受世俗偏见的束缚，不能自己看不起自己，如果能从失恋中发现自己的不足，并有所进取，那么不愁今后找不到称心如意的好伴侣。另外，还应注意以下两点：

第一，若失恋是因误会引起的，就应积极消除误会。如果是对方误会了你，你不要急躁，待稍平静后，你自己或求助于对方信得过的至亲好友，向对方说明全部情况。如果是你误会了对方，则应平静、耐心地倾听对方的解释，在真相大白后应向对方表示歉意，并且在今后要善于冷静地处理问题，不至于再造成新的误会。

第二，若失恋是由于恋人之间发生口角、赌气造成的，则事后要消除"面子"心理，主动接近对方，勇于承认错误。对方不仅不会因此小瞧你，而且会从中看到你的真诚，并做出相应的行动来，这样矛盾就会迎刃而解。

【学习目标四】
提高爱的能力，正确处理恋爱关系

学生活动：

1. **分组讨论**：针对上一节所举案例中他们的问题，结合大学生实际情况，你有哪些建议？

2. **班级分享**：把讨论出来的建议写在大白纸上，各组展示、分享大白纸上的结论。

3. **补充记笔记**。

知识链接：大学生恋爱心理调适

一、树立正确的恋爱观

（一）提倡志同道合的爱情

在恋人的选择上最重要的条件应该是志同道合，即思想品德、事业理想和生活情趣等大体一致。爱情应该是理想、道德、义务、事业和性爱等的有机结合。有些大学生选择异性的首要条件是外貌，甚至以对象帅或漂亮为骄傲。外在的美，只是暂时悦目，随着岁月的流逝，人总有衰老之时。建立在外在美基础上的爱情，一旦时过境迁，爱情的大厦也会随之倒塌。以貌取人、以势取人、以钱取人，都不可能建立真挚纯洁的爱情。内在的美，才是永不褪色的。两人在理想一致、品格相合、情趣相似、心灵相通的基础上建立的爱情才会天长地久。

（二）摆正爱情与学业、事业的关系

首先，大学生要摆正爱情在人生中的位置。爱情在人生中占有重要的地位，没有爱情的人生是不完美的人生，但爱情不是人生的全部，只为爱情而活着的人是可悲的。其次，大学生要摆正爱情在大学生活中的位置。要坚持学业第一，学业与未来的事业息息相关,也是爱情美满的基础。

(三) 懂得爱情是相互的

爱情需要相互理解、相互信任,是责任和奉献。男女双方在交往的过程中要相互尊重、关心、宽容和理解。但做人要有自己的原则,千万不要因为自己的恋人而彻底改变自己,要理性地谈恋爱。

二、培养爱的能力

爱是一种情感,也是一种能力,更是一门艺术。人人都需要爱,但并不是人人都会爱。有些人拥有并享受着甜蜜的爱情,有些人却饱受爱情的折磨和摧残。为了迎接美好的爱情,为了更长久地拥有它,大学生们应知道如何去爱。

(一) 学会爱自己

想要爱别人,首先必须爱自己,连自己都不爱、都不会爱的人,对别人的爱也不会是真正的爱。爱自己不是自私,爱自己是为了更好地爱别人。爱自己首先要自尊、自信,尊重自己的价值,尊重自己的需要、愿望和要求;对自己充满自信,能肯定自己、欣赏自己,不轻易否定自己,有正确的自我意识。爱自己意味着积极关心自己的每一个方面。尊重、呵护、满足和珍视自己应该是每个人与生俱来的权利。当你学会关心自己的需要时,你才明白怎样将同样的关爱给予别人。当你尊重自己的思想和感觉时,你才能将这种尊重给予他人。当你从心里相信你自身有价值时,你才会发现别人的价值。

(二) 具有迎接爱的能力

迎接爱的能力包括表达爱的能力和接受爱的能力。要具有表达爱的能力,就必须懂得爱是什么,有健康的恋爱价值观,知道自己喜欢什么、需要什么、适合什么。心中有爱要敢于表达、善于表达,要用自己的言行让对方感受到你的爱。当别人向你表达爱时,能及时准确地对爱做出判断,并做出接受或谢绝的选择。

(三) 具有拒绝爱的能力

拒绝爱的能力包括两个方面:一是敢于理智地拒绝不希望得到的爱情。面对自己并不喜欢的异性,优柔寡断或屈从于对方的穷追不舍的做法都是不理智的,因为爱情来不得半点勉强和将就,要学会勇敢地说"不"。二是要掌握恰当的拒绝方式。虽然每个人都有拒绝爱情的权利,但善待每一份真挚的感情是对他人的尊重,也是个人修养的体现,因此掌握恰当的拒绝方式是很有必要的。

(四) 解决爱的冲突的能力

发展爱的能力,就是要培养无私的品格和奉献精神,要培养善于处理各种矛盾的能力,有效地化解恋爱和家庭生活中的矛盾与纠纷。爱需要包容、理解、体谅和有效的沟通,会用建设性而非破坏性的方式去解决冲突,避免伤害性的争吵和冷战。为恋人负责,为社会负责,这样才能创造出幸福美满的生活。

(五) 提高恋爱挫折承受能力

在追求爱情的过程中遇到各种挫折是在所难免。单相思、爱情错觉、失恋等恋爱挫折对大学生的心理承受能力是一种考验。当爱情受挫后,应该用理智来驾驭感情，分析原因，总结教训，寻找解决问题的方法，在新的追求中实现自己的价值，从而提高自己的心理承受能力。

（六）保持爱情长久的能力

要保持爱情的常新，需要智慧、耐力、持之以恒及付出；善于交流，欣赏对方，是爱的重要源泉；爱要保持自己的个性，也尊重对方的独特性，爱要宽容；爱要学会处理恋爱与学业、与其他人交往的关系等，学习新东西，将爱情作为自我发展的动力。

三、正确终止恋爱关系

恋爱双方在交往中，随着交往频度和深度的增加，如果一方发现对方不是自己想找的人时，要能够理智地分析恋爱的走向，并提出分手。分手对双方来说都不是一件愉快的事，特别是恋爱时间较长、具有较为稳定恋爱关系的人。提出分手的一方，要注意以下几点：

(1) 选择恰当的时机。
(2) 使用有效的策略。
(3) 艺术地说明原因。
(4) 不逃避责任。
(5) 不拖泥带水。

被动的一方要注意控制自己的情绪，不可自暴自弃，也不可死缠烂打，更不可意气用事，寻求报复。值得注意的是，终止恋爱关系之后不要给对方留有余地，比如"以兄妹相称""再相处一段时间试试看"等。

【课堂活动】爱情观测试

1. 活动目的：通过寓言故事测试，了解自己的爱情价值观。
2. 活动过程：
(1) 按小组进行测试活动。
(2) 根据你一向的喜好，把下面这个故事中的5个人按照你喜好的程序进行排序。
(3) 小组讨论，并陈述自己这样选择的理由。
3. 分享感受：最后小组达成共识，派代表做分享，并陈述理由。

学习目标检测 >>>

1. 斯滕伯格的爱情成分理论包括几个要素?
2. 大学生恋爱的类型与特点是什么?
3. 大学生恋爱中常见的问题有哪些?
4. 爱的能力分别是什么?

 拓展阅读

爱情、婚姻与幸福

柏拉图有一天问老师苏格拉底:什么是爱情?苏格拉底叫他到麦田走一次,要不回头地走,在途中要摘一枝最好的麦穗,但只可以摘一次。柏拉图充满信心地去了。谁知过了半天他仍没有回来,最后,他垂头丧气地出现在老师跟前,诉说空手而归的原因:"很难得看见一枝看似不错的,却不知是不是最好的,因为只可以摘一次,只好放弃,再看看有没有更好的,走到尽头时,才发觉手上一枝麦穗也没有。"这时,苏格拉底告诉他:"那就是爱情,爱情是一种理想,而且很容易错过。"

柏拉图有一天又问老师苏格拉底:什么是婚姻?苏格拉底叫他到杉树林走一次,要不回头地走,在途中要取一棵最好的杉树,但只可以取一次。柏拉图充满信心地去了。半天之后,他一身疲惫地拖回来一棵看起来直挺、翠绿,枝叶却有点稀疏的杉树。苏格拉底问他:"这就是最好的杉树吗?"柏拉图回答老师:"好不容易看见一棵看似不错的,又发现时间、体力快不够用了,也不管是不是最好的,所以就拿回来了。"这时,苏格拉底告诉他:"那就是婚姻,婚姻是一种理智,是分析判断、综合平衡的结果。"

还有一次,柏拉图问苏格拉底:什么是幸福?苏格拉底让他穿越一片田野,去摘一朵最美丽的花,但是有个规则——不能走回头路,而且只能摘一次。于是柏拉图去做了。许久之后,他捧着一朵比较美丽的花回来了。苏格拉底问他:"这就是最美丽的花?"柏拉图说道:"当我穿越田野的时候,我看到了这朵美丽的花,就摘下了它,并认定它是最美丽的,而且当我后来又看见很多很美丽的花的时候,我依然坚持这朵最美的信念而不再动摇。所以我把最美丽的花摘来了。"

这时，苏格拉底意味深长地说："这，就是幸福。"

※ 阅读感受

 推荐影片：《那些年我们一起追过的女孩》

影片简介：

青春是一场大雨，即使感冒了，还盼望回头再淋它一次。

柯景腾和他的一群好友：爱耍帅却老是情场失意的老曹、停止不了勃起所以叫勃起的勃起、想用搞笑制胜却总是失败的该边、胖子界的夺爱高手阿和。从初中到高中，他们一直是不离不弃的死党。他们都对班花沈佳宜有着一种纠结的感情。一方面，他们瞧不起这种只会用功读书的女生；另一方面，他们又为她的美好气质倾倒。因为学习成绩较差，柯景腾被老师安排坐在沈佳宜前面。因为他的一次英雄救美，她开始用强制的方式帮他补习功课。此事令其他兄弟羡慕嫉妒恨，但是大家都未说破。毕业后，柯景腾和沈佳宜在各自大学保持恋人般的联系。直到柯景腾举办自由格斗赛，事情才出现了变化……原本按兵不动的好友也都纷纷加入女神争夺战！

※ 观看感受

主题八

接受挑战，
应对挫折
——大学生挫折心理辅导

学习目标 > > >

本堂课结束，学生将能够做到：
1. 解释挫折的含义、类型。
2. 列举大学生挫折心理产生的原因。
3. 列举大学生对挫折的反应。
4. 归纳大学生应对挫折的调适方法。

故事导入 > > >

两个好朋友的"遭遇"

李明和李山是两个好朋友，一同来到大学报到。刚到学校的他们意气风发，给自己制定了很美好的目标：当上班委，拿到一等奖学金。

但是一个学期过后，他们都没有当上班委，也没有拿到一等奖学金。

李明认为：我还没达到班委的职位要求，自身还需要提高，不过，即使不当班委，我还可以参加社团活动，以此来锻炼自己。至于奖学金，班里的同学学习都很认真，看来我还得再努力才行。所以，李明每天都认真上课，课余时间忙着参加各项活动，过着充实、愉快的生活。

李山则认为自己比其他同学差远了，整天唉声叹气，干什么事情都提不起精神来。

如果是你，你会感受到什么？会感受到挫折吗？

【学习目标一】
解释挫折的含义、类型

提问：挫折是什么？
学生活动：
1. 独立思考写出自己的理解。
2. 小组内讨论。

知识链接：认识挫折

一、挫折的含义

挫折是指个体在目标或需要遇到阻碍而不能实现或不能满足时，体会到的紧张、焦虑、失落、愤怒等情绪反应。挫折心理包含：

（1）挫折认识。指挫折产生的情境状态，既可能是实际遭遇到的情况，也可能是想象出来的。

（2）挫折认知。指个体对挫折情境的一种认识和评价。

（3）挫折反应。指在需要得不到满足、目标达不到时产生的情绪和反应，如愤怒、攻击、回避等。

二、挫折类型

（一）需要挫折和丧失挫折

需要挫折：个体的需要因某种原因无法实现而产生的挫折。如没考上理想的大学、竞选失败。

丧失挫折：指个体丧失了自己原本拥有的东西时产生的挫折。如失恋、亲人离世、身体疾病。

（二）实际挫折和想象挫折

实际挫折是指产生挫折的情境是客观存在的，并为个体主观所感知。

想象挫折是指客观环境并不具备产生挫折的现实条件，而是由个体主观认定此种情境将会有挫折出现，比如：某新生来校报到时，发现同宿舍的其他同学都是北方人，只有他一人来自南方，担心会因地域风俗习惯不同而引发矛盾，于是感到忧虑不安，产生了挫折感。

（三）一般挫折和严重挫折。

一般挫折是指日常学习、工作、生活中遇到的小挫折，如同宿舍的同学发生口角、某科考试成绩不理想等，一般对人的身心影响不大，易于调整。

严重挫折是指对个体产生重要影响的挫折，如父母离异、毕业找工作落空、遭遇重大交通事故等，这些挫折会引起很强烈的情绪反应，并会对人的整个生活产生很重要的影响。

【学习目标二】
列举大学生挫折心理产生的原因

提问：
1. 大学生常见挫折有哪些？
2. 头脑风暴。

知识链接：大学生挫折心理产生的原因

引发大学生挫折心理的原因是多方面的，它既与人们追求的目标、需要的特点和性质相联系，又与实现目标、满足需要的客观可能性有着密切的联系。从总体上可以概括为两个方面：客观因素和主观因素。生活环境艰苦、所学专业不理想、人际关系紧张、学习成绩不理想、家庭经济条件差、家庭重要成员去世、学校管理和教育方式欠妥以及社会各方面条件的限制等，是引起大学生挫折心理的客观因素；个人生理、心理条件的限制，基础知识的薄弱，个人能力和智力上的不足，思想方法的片面和思维方式的局限性以及个人的动机冲突等，是引发大学生挫折心理的主观因素。

一、客观因素

客观因素，又称外界因素或外因，是指那些让动机或行为不能实现的实际存在的外部环境因素。它包括自然环境和社会环境。这些外界条件是个人的意志或能力不能左右和克服的。如自然灾害以及由于自然条件而引起的疾病、事故，社会生活中的政治、经济、军事、宗教、风俗习惯、道德观念等对人的限制等。外因是否导致挫折以及挫折感的轻重，很大程度上取决于人的主观心理素质，特别是人的知识、修养、能力和个性心理品质，以及对挫折的容忍力。大学生心理挫折形成的客观因素是指某些不以大学生的主观愿望为转移的自然条件和社会条件。

（一）自然环境因素

自然因素是指非人力所能及的一切客观因素，如自然灾害、台风、地震、酷热、洪水、疾病、事故等。对于大学生来说，大学生疾病、家庭遭受自然灾害导致贫困等都可以带来挫折。如一位农村大学生家里因为遭受洪水的侵袭，使得房屋倒塌，家里农田被淹，农作物颗粒无收，遭受重大损失，家庭生活发生困难，从而使大学生的学业无法进行下去，因此产生挫折感。

（二）社会因素

当前，我国正处在急剧的社会转型时期。社会开放使各种思潮涌入，中西文化的碰撞使人们的观念发生了改变。面对社会转型中发生的一切，大学生在心理上产生了震荡，容易心理失衡，这是当今大学生产生挫折心理的一个极其重要的社会因素。

还有持续扩招带来的大学生就业压力，使部分学生从一进大学就开始焦虑将来的就业，特别是普通高校的大学生产生更多的压力感，部分大企业提高进入门槛，对学生的就读学校、专业甚至生源都设置了障碍，这样极易给学生带来心理挫折。

社会对大学生的评价和需求也发生重要变化。大学生由原来的"天之骄子"变为现在的普通大学生，少部分学生毕业就待业，尤其是非名牌大学生的学生心理反应更为强烈。与此同时，大学生必须和大多数同龄人一样为生存而拼搏，这些反差很容易使大学生产生挫折感。

(三) 家庭因素

家长的文化素质、道德品质、价值观、教育方式、职业、家庭经济状况、家庭矛盾纠纷、家庭成员的健康状况等，都影响着每一位家庭成员的心理状况。如亲人突然生病、去世或遭受灾害而使人产生强烈的伤感；父母失业下岗或感情不和、纠纷频发，为此而苦恼；有的从小父母离异、家庭分裂、内心苦闷；家长粗暴的教育方式使个体心理留下阴影和创伤；有些大学生家庭经济非常困难，父母无法满足他们的各种需求，有些人羡慕高消费，心理长期不平衡。

(四) 生理条件的限制

个体生理条件是指个体与生俱来的身材、容貌、个性、智力和生理缺陷、疾病等。生理条件所造成的限制，常可导致学习、就业、交往和恋爱受挫。一个身材矮小的人，一心想成为职业运动员，这个愿望显然很难实现，会使他体验到挫折感。有人敏感，有人迟钝，有人斤斤计较，有人豁达大度，有人初出茅庐，有人"经过风雨，见过世面"。有人脸上有疤，有的男生个子矮小，有的女生体型胖；有的患有生理疾病久治不愈，等等。

二、主观因素

生活中不同的人在同一情境中经受同一强度的挫折会有不同的反应，原因就在于个体主观因素方面的差异性。形成挫折的主观因素主要是指某些随着大学生主观而变化的自身条件，主要有：个体对所具备的生理条件、人格特征及自身生理缺陷的认知评价、自我期望值与实际有效行为的匹配程度，对环境的了解程度，心理素质以及个体对挫折的承受能力，动机冲突等。要强调的是，自身心态不佳是产生挫折感的根源。有些人之所以苦闷、烦恼，是因为心胸狭隘，有太多的猜疑、太多的抱怨、太多的压抑。一个心胸宽阔、心地善良坦荡的人，视他人为朋友，并帮助弱者或陷于困境中的同伴，心中必感欣慰。

(一) 生活环境的不适应

许多大学生第一次离开家到达一个新的环境学习生活，一时难以顺利实现角色转换，如水土不服、饮食不习惯、集体生活不适应、难以顺利地承受理想中的大学环境和现实中的大学环境之间的反差等，致使有的学生因为生活中遇到一点困难或不如意的事情，便产生挫折心理，出现孤独、苦闷、烦恼、忧愁等不良心理反应。同时,这个时期是人生由少年向成年过渡的阶段,他们的独立精神、自主精神还没有完全形成,许多学生无法适应新的生活。例如:相当多的学生对大学的学习方式不习惯,尤其不能适应大学生活里的"自由时间多",缺乏独立自主的学习能力和习惯。而且随着年级的升高逐渐感到学习持久紧张与竞争压力,心理压力增大,容易产生茫然、空虚、压抑、无所适从感,导致心理挫折的产生。

(二) 动机冲突

动机冲突是大学生挫折的重要原因。在现实生活中,人们常常会同时产生两个或两个以上的动机。如果这些同时并存的动机不能同时满足时,并且在性质上又出现彼此相互排斥的情况时,就会产生动机冲突的心理现象。丰富多彩的大学生活和社会转型期带来的大好机遇,在为大学生的全面发展提供有利条件和广阔天地的同时,也给他们带来选择的冲突。当若干动机同时存在难以取舍时,就会形成动机冲突。归纳起来,大学生动机冲突主要有以下4种:

一是双趋冲突,是指个体面前同时有两个具有同样吸引力的目标而为实际条件限制无法同时获取,必须从中选择其一时所发生的心理冲突。当两个目标都符合需要,并且有相同强度的动机,且又"鱼和熊掌不可兼得"时,就出现了难以取舍的冲突。

二是双避冲突,是指同时有两个可能对个体具有威胁性、不利的事发生,两种都想逃避,但条件限制,只能避开一种、接受一种,在做抉择时内心产生矛盾和痛苦,如同前有狼后有虎的两难境地。如大学之中,有的同学既不想用功读书,又怕考试不及格,于是出现的"二者必居其一"的心理冲突。

三是趋避冲突,是指同一目标对于个体同时具有趋近和逃避的心态。这一目标可以满足人的某些需求,但同时又会构成某些威胁,既有吸引力又有排斥力,使人陷入进退两难的心理困境。例如大学生既想担任学生干部使自己得到实际锻炼,又怕浪费时间太多、影响学习的这种两难选择。

四是双趋避冲突,是指同时有两个目标,存在着两种选择,但两个目标各有所长、各有所短,使人左顾右盼、难以抉择的心态。如择业时有两个单位可供选择,而两个单位又利弊相当,这样就可能举棋不定而陷入冲突中。

(三) 期望过高,理想追求受阻

自我估计过高的人,因为常常设定不现实的目标,很多愿望难以实现,也容易受到挫折打击,再加上他们的社会阅历太浅,对环境的了解程度具有差异性,面对各种社会矛盾,幼稚脆弱的心理难以调适。有些大学生由于自我评价不恰当,或自命不凡、目空一切、骄傲自满,或极度自卑、畏缩不前、性格孤僻,无法与他人和谐融洽地相处,人际关系极度紧张,往往为此而苦恼不堪。有些大学生入学后,对所学专业无兴趣,学习动力不足,拿起书本就头脑发胀,上课听不进去,作业抄袭别人,明知不对,但难以改正。有的大学生入学后不适应从中学生到大学生的角色转变,在学习、生活、人际关系方面不适应,饮食无味,坐卧不安,怀念旧友。他们有心理情绪无处发泄,遇到困难不知所措,内心苦不堪言。

【学习目标三】
分析大学生对挫折的反应

提问：
1. 下面故事中二人的共同点有哪些？
2. 战胜挫折会怎样，被打败又会怎样？
3. 小组讨论上述问题并记录。

故事一：

张海迪，汉族，山东省文登市（今为威海市文登区）人，中国著名残疾人作家，哲学硕士，英国约克大学荣誉博士。1955年9月16日在济南出生。小时候因患血管瘤导致高位截瘫。从那时起，张海迪开始了她独特的人生。15岁时，张海迪跟随父母，下放到（山东）莘县，给孩子当起了老师。她还自学针灸医术，为乡亲们无偿治疗。后来，张海迪还当过无线电修理工。她虽然没有机会走进校园，却发奋学习，学完了小学、中学的全部课程，自学了大学英语、日语、德语以及世界语，并攻读了大学和硕士研究生的课程。1983年张海迪开始从事文学创作，先后翻译了数十万字的英语小说，编著了《生命的追问》《轮椅上的梦》等书籍。2002年，一部长达30万字的长篇小说《绝顶》问世。《绝顶》被中宣部和国家新闻出版总署列为向十六大献礼的重点图书并连获"全国第三届奋发文明进步图书奖""首届中国出版集团图书奖""第八届中国青年优秀读物奖""第二届中国女性文学奖"和"五个一工程"图书奖。从1983年开始，张海迪创作和翻译的作品超过100万字。

故事二：

贝多芬一生中，贫困、疾病、失意、孤独等种种磨难折磨着他，其中最大的灾难是耳聋给他带来的痛苦。

贝多芬 28 岁时，由于疾病，听觉就开始减退，到了 48 岁，再优美的歌声他也听不见了。

他只能用书写的方式来和别人交流。即使这样贝多芬仍进行着创作。他的不朽名作 9 部交响曲的后 7 部，都是在失聪的情况下完成的。而其中的第三、第五、第六和第九部交响曲被认为是永恒的杰作。

他用敏锐的观察力来感受人类、社会和大自然。为了写一部曲子，他经常花几个月甚至几年的时间反复推敲，精心锤炼。例如第五交响曲的创作，他就花了 8 年的时间。

【课堂活动】

活动体验：晋级游戏（鸡蛋—小鸡—母鸡—人）

活动要求：所有成员蹲在地上，扮装鸡蛋，然后一对一，采用猜拳的方式进行 PK，决出胜负，胜者晋升一级，即为小鸡，做半蹲状，并与其他胜者进行猜拳 PK，争取下一次晋升；负者仍为"鸡蛋"，继续寻找其他负者进行猜拳 PK，争取晋升机会。由此推想：小鸡与小鸡 PK 的胜者即晋升为母鸡，可以站立，母鸡与母鸡 PK 的胜利者便晋升为鸡领袖，可以回到自己的座位。如此进行，直至绝大部分成员都成功晋升为人为止。

分享游戏体验：

知识链接：大学生对挫折的反应

经受挫折是大学生心理发展由不成熟到成熟的必经之路。其反应性质可能是积极的，也可能是消极的。这既与挫折本身的性质有关，也与个体如何把握它有关。但一般来说大学生挫折心理反应包括消极心理反应（焦虑、攻击、冷漠、倒退、压抑、固执）和积极心理应对（升华、幽默、适度补偿、积极仿同）两种。不同的反应对个体会产生不同的影响。

一、焦虑

焦虑是一种常见的心理反应。大学生在受到挫折后，情感会发生复杂的变化，包括自尊心、自信心受到伤害，产生紧张、不安、恐惧的情绪。例如，一位大一女生说："没有上大学之前，把大学想象得很完美，现在才发现一切都和想象中的相差甚远。老师讲完课就走，想问一些问题都没有机会；闲暇时间太多，不知如何安排；生活要自理，对自己没有信心；同学之间交往少，人与人之间关系冷漠……就要考试了，不知为什么做题的状态总是不佳，我似乎开始对自己怀疑了，每当有一丝放松的时候，我都会感到内疚，都会受到惩罚。我不明白难道这就是我的大学生活？我到底该怎么办？"

适度的焦虑具有进化意义，它往往能促使学生鼓起力量，去应付即将发生的危机与挑战，促使他们能够将之顺利完成。如果他的情绪中充斥着太多的焦虑，这种有进化意义的情绪就会起到相反的作用，会妨碍学生去处理面前的危机，更严重的是可能会妨碍学生的日常生活。据调查发现：当前引起大学生焦虑的主要原因是来自人际关系和学习上的挫折。

二、攻击

由于大学生容易引起异常愤怒的情绪，产生敌视和报复心理，可能会产生过激的举动，因而在遇到挫折时最常表现为攻击性行为（直接攻击和转向攻击）。

（1）直接攻击：将愤怒的情绪发泄的行为直接指向使其产生挫折的人或事物，以求得心理平衡。直接攻击行为，多发生在那些缺乏生活经验、比较简单、鲁莽、易冲动的同学身上。

例如，2004年震惊全国的"马加爵杀人案"明显是一种受挫后的直接攻击行为。大学四年受到同学的嘲笑而一直没有使愤怒的情绪适当地宣泄，所以在一次刺激事件中，这种积压的情绪犹如火山一般爆发出来，造成了一幕校园惨剧。

（2）转向攻击：是指受挫的个体不直接攻击使自己遭受挫折的对象，而是转向其他无关的人和事或自己。转向攻击行为多发生在自制能力较弱、自信心比较差的大学生身上。

例如，有位大二男生说："我有一次受到了老师的批评，心里想不开，又不能和他顶撞，只有回到宿舍拿桌子板凳出气，这样会感到心中好受一点，但事后又有点后悔。"

三、冷漠

冷漠是指受到挫折后以沉默、冷淡、麻木和无动于衷的方式对挫折情境做出的反应。例如，一名大三女生谈到她们宿舍的一名女生："近一段时间来，她的变化很大，喜怒不形于色，对许多事情都失去了兴趣。原来，她考了几次英语四级考试都没有通过。"这是由于屡受挫折产生的一种冷漠的心理反应，表面上看个体对什么都不在乎，其实内心十分痛苦。

研究表明，以下情况容易出现冷漠反应：一是遭受挫折后无望无助；二是心理上恐惧不安和生理上痛苦难忍；三是长期遭到挫折而无法摆脱；四是进退两难，攻击和退缩之间冲突激烈。冷漠并非不包含愤怒的情绪，只是个体把这种愤怒压制了，这通常比攻击对身心的危害更大。

四、倒退

倒退是指遭受挫折后不由自主地表现出与自己的年龄、身份极不相称的幼稚行为，如像孩子那样哭泣、耍赖、任性、做事没有主见、蒙头大睡等。当个体受到挫折后，一种情况是以成人的方式面对挫折，会产生心理上的紧张、焦虑和不安；另一种情况是为了避免产生这种心理紧张状态，会选择采取退化到以前简单幼稚的行为，并进而博得别人的同情和照顾。例如，某大学生因为最近有两门专业课没有考好，英语四级也没有通过，宿舍的同学发现她越来越不正常了，老是躺在床上不起，有时还像孩子一样哭泣，有时连饭也懒得吃，而她没遭受这些打击前不是这样的。

五、压抑

在每个人的成长过程中，都会或多或少地经历一些不愉快同时也不愿意去面对的一些生活事件，这种经历会在连我们自己都没有意识到的情况下"自然而然"地遗忘了，这些经历不再被想起、不再被回忆，也不再被意识到它曾经的存在，但是这些被压抑的痛苦经历并没有消失，它会在每个人的日常生活中以一种无意的方式影响着个体的心理和行为，并且当个体接近与曾经被压抑在无意识之中的东西相类似的情境时，这些被压抑在无意识中的东西以一种突冒的方式对个体产生更大的威胁和危害。例如，一名师范学校的大二女生说："初中时，看到别的同学有漂亮的书包，我也想要，可是由于家里经济困难，没有条件买。有一天放学看教室里没有人，我拿走了一个同学的书包。多年来，从没有提起过，我以为自己忘记了，可是，现在每当宿舍有人说丢了东西，我就感到大家是在说我，我感到很痛苦。"

六、固执

固执是指遭受挫折后，不去总结经验教训，不听取批评劝导，一意孤行，不懂变通，结果在挫折中越陷越深，失去改变困境的机会。此类情况往往出现在少数性格内向、倔强、看问题片面的大学生身上。例如，一位大四的男生说："我们班有位男生很难相处，自己明知道有错，却从不愿听取别人的意见，即便是善意的帮助。"通过对周围同学的调查发现，该同学比较自卑、性格内向，同时自尊心强烈，认为他人的建议就是对他自身能力的一种否定。

七、升华

升华是指被压抑的不符合社会要求的原始冲动或欲望，用符合社会要求的建设性方式表达出来，即用另一种更高尚的、富有创建性和社会价值的目标加以取代，从而减轻自己的挫折心理。弗洛伊德认为：人类的很多文艺创作，大多是作家把内心不合理的冲动升华而用社会能接受的正当形式表现出来。例如，歌德在失恋中得到灵感与激情，写出了闻名世界的文学巨著《少年维特之烦恼》，屈原放逐赋《离骚》，司马迁受辱著《史记》。

八、幽默

幽默是指遭受挫折或身处逆境时，可以使用比喻、双关语等手段，以机智、风趣的方式表达自己的意图或意见,从而达到化解困境、摆脱失衡状态之目的。这种应对方式是心理修养较高者的表现。

九、适度补偿

适度补偿是指由于主客观条件的影响而无法实现既定的目标,个体努力设法以新的目标来代替原有的目标,以成功的体验去弥补原有挫折心理所带来的痛苦,达到"失之东隅,收之桑榆"的目的。例如,有位大三男生认为:"我的初恋在高中结束了,我喜欢的女孩子离开了我。在那个时期我感到自己受到了很大的伤害,感到了生活的苦涩和现实的残酷,有很长一段时间沉浸在痛苦中。但是后来我告诉自己我还拥有很多,我要更加努力地学习,正如作家柳青曾经说过,'人的一生很短也很漫长,但要紧处却只有那么几步',这一次的受挫令我人生最关键的一步,一脚踏上了我认为正确的地方,那就是登上了大学的殿堂。"

十、积极仿同

积极仿同是指当个体愿望在现实生活中无法满足时,把自己比拟成现实中或幻想中的某一位成功者,借此在内心分享成功者的欢乐,以此冲淡因挫折而产生的焦虑和维护个人的自尊。例如,我们可以发现很多大学生常常把一些历史名人、英雄楷模作为自己仿同的对象,从他们的人生经历中寻找自己战胜挫折的动力。简单地说,仿同就是把别人具有的而自己羡慕的品质加在自己头上,或者简单地将自己与所崇拜的人混为一体,以提高自己的信心、声望,从而减轻挫折心理。因此,积极仿同是值得提倡的,如崇拜偶像是为了学习其优秀品质,以重新鼓起勇气,努力使自己克服挫折,成为一个成功者。这种方法是我们大学生在遇到挫折时可以选择的最好的应对策略。

【学习目标四】
归纳大学生应对挫折的调适方法

小组讨论：

1. 谈谈自己过去或现在遭遇的挫折。你是如何应对的？
2. 头脑风暴。

知识链接：应对挫折的方法

一、确定合理目标

大学生都有对未来工作和感情生活的美好向往，但有些想法往往不切实际，目标定得过高，但又不具备实现目标的能力和条件，这样往往就会因达不到既定目标而产生挫折感。失败是成功之母，失败给我们带来了痛苦，但只要我们能恰当地进行心理调适，不仅不会被失败的情绪所压倒，反而还会因失败的激励不懈追求，最终取得卓越的成就。

挫折与失败的出现，很可能是因为目标偏高或目标系统的方向不切实际，而现实的条件无法企及，因而不妨对目标系统做一些必要的调整。杨振宁刚到美国时研究实验物理，远不如美国同行，因此他改攻理论物理，结果一举荣获诺贝尔物理学奖。这种目标调整，既可以是降低目标，也可以是改换目标。目标的调整，标志着一个人已经从心理上走出了挫折的阴影，开始了新的历程。

在建立远大的目标时，应把它分解成中期、近期和当前的各种子目标。子目标的排列要由易到难、由简到繁，形成一个层层升高、步步逼近的目标体系。这样，经过努力，个体不断地实现一个个的具体目标，会使人接连获得成功的喜悦，从而产生更大的心理动力；同时，又总有一个巨大的、具有吸引力的总目标呈现在前方，能使人长久地保持旺盛的进取热情。

二、合理归因

在认识和对待挫折时，首先要学会对挫折进行正确的归因。按照社会心理学的解释，归因是指个体依照主观感受或经验对自己和他人的行为及其结果发生的原因予以解释与推测的心理活动过程。

个体对原因的归结可以分为外因和内因两种类型。外因是指造成挫折的外部环境因素，内因指个体自身的观念、能力等主观因素。在寻找挫折产生的原因时，有些学生把一切都归于复杂且难以预料的外部环境造成的，例如考试成绩差是因为老师教学水平低或试卷难度太大，而不从自身寻找原因，逃避自己的问题，不能勇敢面对挫折；还有一些学生更倾向于把产生挫折的原因归结为主观方面的因素，如自身能力的不足，考试成绩差是由于自己学习不够刻苦，但是，过多地自我谴责、悔恨也会导致心理挫伤。

塞利格曼将归因风格分为"乐观型"和"悲观型"。"乐观型"的人会认为失败和挫折是暂时的，是特定性的情景事件，是由外部原因引起的，而且这种失败和挫折只限于此时此地；而"悲观型"的人则会把失败和挫折归于长期的或永久的因素，归咎于自己，并且认为这种失败和挫折会影响到自己所做的其他事情。

面对挫折，应当认识到，挫折的产生有时是外因，有时是内因，但更多的时候是外因与内因两种因素相互影响、共同作用的。因此，遇到挫折时要避免归因的片面性，要通过冷静分析，从客观、主观、目标、环境、条件等方面找出受挫的正确原因，及时发现失败的症结所在，学会实事求是地承担责任。正确地分析和归因，是采取有效的补救措施、应付和解决挫折情境的必要基础，尤其对于一些经常遭受挫折，却从不认真分析而只按照自己的固有模式做消极回应的学生来说，更要有意识地加强这方面的培养和锻炼。

三、主动寻求社会支持

社会支持是指人们通过获得社会资源来增强个人资源，以满足需要、达到目标。社会支持可以通过增加个体的适应性应对行为来缓冲压力事件的消极影响，对个体起到保护作用。这种缓解作用通常是通过人的内部认知系统来达成的。科思（1984）认为，社会支持可以在两个环节上发挥作用：一是压力事件与主观评价的中间环节，当个体体验到一定的社会支持，他就会低估压力事件的严重性；二是压力主观体验与疾病环节，社会支持可以通过提供问题解决措施来缓解压力事件造成的不良影响。这种缓解作用既可能是特异性的，即一种社会支持只能对一种特定的压力事件起到缓解作用；也可能是非特异性的，即任何一种社会支持对任何一种压力事件都能起到缓解作用。

四、运用心理防御机制

人在遭受挫折以后，挫折情境造成的对人心理上的压力，会使人产生紧张、焦虑、不愉快的情绪体验，并导致心理和生理活动的不平衡状态，影响人的正常行为和活动能力。

为了对付这种压力，减轻或摆脱焦虑情绪的困扰，解除紧张状态所带来的不安，恢复心理和生理活动的平衡，受挫者会自觉或不自觉地寻找各种心理防卫方式，以应付或适应所面临的挫折情境，从而减少挫折和焦虑情绪对自己的损害，减轻心理所承受的压力，保护自我。这些方式统称为心理防御机制，是个体在潜意识中为减弱、回避或克服现实冲突带来的挫折、焦虑、紧张等情绪反应而采取的一种防御手段。

防御机制的本质并不是解决问题的真正方法，但是它可起到一种缓冲的作用，有助于缓解由挫折产生的各种消极情绪，为个体寻找解决挫折更为积极有效的方法提供时机。但在大多数情况下，因为所采取的种种心理防御机制只是消极地维护个人免于遭受打击，而非真正解决问题，因此挫折不但仍然存在，而且问题越来越脱离现实，以致无法以正常的行为适应环境，造成不良适应现象。

拓展阅读

防御机制类型

一、文饰

文饰又称合理化，指个体采用合理的理由来解释所遭受的挫折，以减轻心理痛苦。当个体无法达到目标或其表现的行为不符合社会的价值标准时，会给自己找出适当的理由来解释，以此来说服自己，感到心安理得。虽然具有自欺欺人的味道，但能使个人的情绪保持稳定。

文饰作用有多种情形，但以"酸葡萄"心理和"甜柠檬"心理最为典型。前者是指个体在追求某一目标失败时，为了冲淡自己内心的不安，常将目标贬低，说成是不喜欢或本来就没想达到，用以安慰自己；后者是不说自己得不到的东西不好，只是百般强调凡是自己有的东西都是好的，借此减轻失望与痛苦的心理。

二、投射

投射是指个体将自己内心存在的某种不被社会接受的欲望冲动或思想观念转移到别人身上，说别人有这种欲望冲动或思想观念，以此来逃避自己心理上的不安，即古人所说的"以小人之心度君子之腹"。比如：某个同学想考试的时候作弊，但是他却说其他同学都是这样想的。使用投射作用的人否认自己具有不为社会认可的品质，反而将其加到他人身上予以攻击。

三、压抑

压抑指个人将不为社会所接受的本能冲动、欲望、情感、过失、痛苦经验等不知不觉地从意识中予以排除，或抑制到潜意识中去，不去回忆，主动遗忘，从而避免痛苦。压抑的结果虽可减轻焦虑而获得暂时的安全感，但被压抑的欲望并不因此消失，而是深入个人的潜意识里，影响人格的健全发展。例如，越是担心的事梦中越要出现，口角失言，无意中动作失态，或有意识地"遗忘"，均是这种压抑作用的表现。

四、反向

反向是指个体为了防止某些自认为不好的动机呈现为外表行为，而采取与动机相反方向的行动，即想借相反的态度和动机抑制内心的某些动机。例如过分的亲切及屈从，背后可能隐藏有憎恶与反抗的动机。曾经有一个特别注意健身的同学告诉我们："你们以为我很爱健身吗？其实，我就是一个害怕变胖的人！"

五、认同

认同是指个体为了迎合需要满足的保护者，如父母、师长、主管领导，而在思想及行为上模仿他们，将自己与他们视为一体，按照他们的希望行动，以期减少挫折。认同作用的另一种表现是，个体在现实生活中无法获得适度满足或成功时，就将自己比拟为某一成功者，刻意模仿其穿着、言行等，借此减少挫折所造成的痛苦，满足个人心理上的需要，维护个人的自尊。

六、升华

升华是指一个人在受到挫折后，将自己不为社会所认同的动机或欲望转变为符合社会要求的动机或欲望，或将低层次的需要和行为上升到高层次的需要和行为，以保持情绪稳定和心理平衡。升华的作用不仅可以使原来的动机冲突和受挫折后的不良情绪得到化解和宣泄，而且能够促使人获得成功。历史上很多著名科学家、艺术家和领袖人物，都是通过对挫折的升华取得辉煌成就的。如古之文王拘而演《周易》，仲尼厄而作《春秋》，屈原放逐赋《离骚》，左丘失明写《左传》，孙膑膑脚修《兵法》，司马迁受辱著《史记》。

【课堂活动】消灭"烦恼箱"

活动步骤：

1. 请每名同学在纸条上写下自己最近遭遇的挫折，不用署名。
2. 将纸条投到事先做好的"烦恼箱"中。
3. 请同学们每人抽取任意的纸条，展开自己手中的纸条，并给予真诚的解答。在活动过程中，体会面对挫折的感受，增长解决问题的能力和智慧。
4. 分享收获与思考。

学习目标检测 >>>

列举出大学生应对挫折的方法有哪些。

拓展阅读

测一测你应对挫折的水平

请仔细阅读每一条，根据你的实际情况，在右侧相对应的字母上画上"√"，A表示常常这样，B表示偶尔如此，C表示没有或很少这样。

1. 觉得自己没有办法解决遇到的困难	A	B	C
2. 能随机应变采取相应的措施去对付这些困难	A	B	C
3. 会很长时间情绪低落，陷入紧张或混乱的状态	A	B	C
4. 能冷静地分析原因，修改和调整方案	A	B	C
5. 尽管事情过去很长一段时间，心里还是有阴影	A	B	C
6. 向有经验的亲友、师长寻求解决问题的方法	A	B	C
7. 不知道该怎么办，常会依赖父母、朋友或同学来解决	A	B	C
8. 经常对自己说：这个困难是上天给我的锻炼机会	A	B	C
9. 常常幻想自己已经解决了面临的困难	A	B	C
10. 从有相同经历的人那里寻求安慰	A	B	C

评分与评价：

第1、3、5、7、9题，选A得1分，选B得2分，选C得3分；第2、4、6、8、10题，选A得3分，选B得2分，选C得1分。将10道题的得分相加即可得到你应对策略的得分。

得分在20~30分，说明你的挫折感较低，知道一些应对挫折的技巧；

得分在10~20分，说明你的挫折感适度，知道少许应对挫折的技巧；

得分在0~10分，说明你的挫折感较强，需要学习一些应对挫折的技巧。

 **推荐影片:**

《肖生克的救赎》

影片简介:

《肖申克的救赎》(*The Shawshank Redemption*) 是由弗兰克·达拉邦特执导,蒂姆·罗宾斯、摩根·弗里曼等主演的影片。

该片改编自斯蒂芬·金《四季奇谭》中收录的同名小说,该片的主题是"希望",全片透过监狱这一强制剥夺自由、高度强调纪律的特殊背景来展现作为个体的人对"时间流逝、环境改造"的恐惧。影片的结局有基督山伯爵式的复仇宣泄。

这部影片在 IMDb(互联网电影资料库)中被 160 多万会员选为 250 部佳片中第一名,并入选美国电影学会 20 世纪百大电影清单。

《当幸福来敲门》

影片简介:

《当幸福来敲门》是由加布里尔·穆奇诺执导,威尔·史密斯、贾登·史密斯、桑迪·牛顿等主演的美国电影。影片取材真实故事,主角是美国黑人投资专家克里斯·加德纳。

影片讲述了一位濒临破产、老婆离家的落魄业务员如何刻苦耐劳地善尽单亲责任,奋发向上成为股市交易员,最后成为知名的金融投资家的励志故事。影片获得 2007 年奥斯卡金像奖最佳男主角提名。

※ 观看感受

参 考 文 献

[1] 陈行. 大学生心理健康［M］. 北京：高等教育出版社，2017.
[2] 张雅伦，周兰芳. 大学生心理健康［M］. 北京：北京理工大学出版社，2019.
[3] 郑玫，王瑜. 心理学与大学生心理健康［M］. 北京：北京交通大学出版社，2015.
[4] 明晓辉，魏桂娟. 大学心理健康教育实用教程［M］. 长春：吉林大学出版社，2010.
[5] 李春茹. 悦纳·完善·成长：大学生心理健康教育［M］. 重庆：西南师范大学出版社，2017.
[6] 李素梅. 心理健康与大学生活［M］. 武汉：华中科技大学出版社，2011.
[7] 翟瑞谦. 新编大学生心理健康教程［M］. 重庆：重庆大学出版社，2014.
[8] 单津辉，周燕琴. 大学心理健康教程［M］. 北京：北京理工大学出版社，2014.
[9] 叶星，毛淑芳. 大学生心理健康指导［M］. 北京：高等教育出版社，2017.
[10] 许克亮. 职校生心智成长训练：团体游戏汇编［M］. 北京：机械工业出版社，2016.
[11] 唐东存，周爱静. 大学生心理健康习题集［M］. 北京：北京理工大学出版社，2017.
[12] 田国秀. 团体心理游戏实用解析［M］. 北京：学苑出版社，2010.